本书编委会

主　编　刘小强　钱　芳

副主编　聂永昭　祝天生　江延湖

　　　　金　灏　张慧敏

编　委　王　栋　占莉莉　黄招霞

　　　　刘旺勤　陈　银　王玉婷

　　　　陈　柯　舒　波　祝金武

　　　　罗鹏飞

创新型大学生素质教育精品教材

互联网+教育改革新理念教材

大学生创新创业基础教程

主编　刘小强　钱　芳

内容提要

本书结合大学生群体的特点安排内容，突出“创学结合”的教学模式，系统地阐述了大学生创新创业的相关知识。本教材以激发大学生的创新思维、培养大学生的创业意识、锻炼大学生的创新创业能力为目标，以创新创业教育为主线，分为导论、创客教育、创新创业教育三部分。

本书通俗易懂、内容全面，具有系统性、实用性、可读性等特点，符合高等院校培养创新人才的需要。本书既可作为高等院校创新创业教育课程的教材，也可作为立志创新创业的各界人士的自学参考书。

图书在版编目（CIP）数据

大学生创新创业基础教程 / 刘小强，钱芳主编. -- 上海 : 上海交通大学出版社，2020（2023 重印）

ISBN 978-7-313-23769-9

Ⅰ. ①大… Ⅱ. ①刘… ②钱… Ⅲ. ①大学生－创业－高等学校－教材 Ⅳ. ①G647.38

中国版本图书馆 CIP 数据核字(2020)第 173657 号

大学生创新创业基础教程

DAXUESHENG CHUANGXIN CHUANGYE JICHU JIAOCHENG

主　　编：刘小强　钱　芳

出版发行：上海交通大学出版社　　地　　址：上海市番禺路 951 号

邮政编码：200030　　电　　话：021-64071208

印　　制：三河市祥达印刷包装有限公司　　经　　销：全国新华书店

开　　本：787mm×1092mm　1/16　　印　　张：12.25

字　　数：217 千字

版　　次：2021 年 3 月第 1 版　　印　　次：2023 年 8 月第 4 次印刷

书　　号：ISBN　978-7-313-23769-9

定　　价：45.80 元

近年来，“大众创业、万众创新”成为经济新常态下我国经济社会发展的重要“引擎”。高校作为高层次人才培养主阵地，担负着培养新时代创新型人才的重任。创新创业教育作为教育现代化的重要组成部分，不仅关系立德树人的教育大计，更与创新型国家战略紧密相关。

本教材立足于创新创业教育，以激发大学生的创新思维、培养大学生的创业意识、锻炼大学生的创新创业能力为目标，以创新创业教育为主线，分为导论、创客教育、创新创业教育三部分。

导论部分阐述了创新创业教育的内涵及意义，介绍了我国创新创业教育发展的历程及现状，分析了“专创”融合教育的发展方向及师范生创新创业教育的重要意义和实现路径。创客教育部分全面地梳理了创客空间建设、创客课程资源建设、创客课程设计与开发、创客赛事准备等创客教育的基本内容。创新创业教育部分立足于从创业准备、创业启动、创业实践三个重点环节，系统地介绍了创新创业的主要内容和基本流程。

与其他同类教材相比，本书具有以下特点：

- 系统性：本书主要依据教育部发布的各类关于创新创业教育的文件精神编写，秉承把创新创业教育贯穿专业教育全过程的教育理念，注重理论和知识的系统性。
- 实用性：本书坚持理论与实际相结合的原则，融入大量真实的创新创业案例，为学生创新创业实践提供参考。
- 时代性：本书在内容讲解中参考了最新的创业政策与相关法律文件，力求为学生提供最新的创新创业知识，便于其更好地进行创新创业实践。
- 可读性：本书配置了大量二维码，二维码中有丰富的案例，语言简洁、文字优美，具有很强的可读性。

为学习贯彻党的二十大精神，提升课程铸魂育人效果，本书专门在扉页“教·学资源”二维码中设计了相应栏目，以引导学生践行社会主义核心价值观，涵养学生奋斗精神、敬业精神、奉献精神、创新精神、工匠精神、法制精神、绿色环保意识等。

本书由刘小强、钱芳担任主编，聂永昭、祝天生、江延湖、金灏、张慧敏担任副主编，王栋、占莉莉、黄招霞、刘旺勤、陈银、王玉婷、陈柯、舒波、祝金武、罗鹏飞等分工集体创作。本教材的编写和出版得到了南昌师范学院领导和专家的大力支持和热情帮助，他们提供了非常宝贵的意见和建议，感谢他们的付出。

教材编写过程中参考了相关资料和文献，在此一并向作者表示感谢！文中没有标明来源的相关资料，均为作者自编或根据真实事件改编。

由于编者水平有限，书中难免存在疏漏与不当之处，敬请广大读者批评指正。

目录

下篇　创新创业教育

导 论

第一节 创新创业教育的内涵及意义

一、创新创业教育的内涵

（一）创新教育

凡以培养人的创新素质、增强人的创新能力为主要目的的各种教育活动都是创新教育。

（二）创业教育

创业教育是指培养人的创业意识、创业素质和创业技能的教育活动。

创业教育由“enterprise education”翻译而来，是联合国教科文组织在 1989 年召开的“面向 21 世纪教育国际研讨会”上提出的。从各国开展的创业教育实践来看，创业教育包含三层目标：第一层是使受教育者通过学习了解创业，第二层是使受教育者通过学习成为具有创业品质、创业精神和创业能力的人，第三层是使受教育者通过学习成为能够经营管理企业的创业家。

（三）创新创业教育

创新创业教育以培养具有创业意识、富有创新精神、勇于投身实践的人才为目标。创新创业教育不仅是以培养在校学生的创业意识、创新精神、创新创业能力为主的教育，而且是面向全社会，针对那些打算创业、正在创业、成功创业的创业群体，分阶段、分层次进行的创新思维培养和创业能力锻炼的教育。

本书所讲的创新创业教育是指大学生创新创业教育，其核心是强化大学生的创新创业精神，将其所学知识与创新创业结合起来，以适应社会发展的需要。

二、大学生创新创业教育的意义

（1）积极推进大学生创新创业教育，顺应时代潮流，符合国家战略。创新是民族之魂，是时代主题；创业是发展之基，是富民之本。随着我国经济进入新常态，党中央、国务院适时作出了大众创业、万众创新（简称“双创”）的重大战略部署。实践也证明，广泛开展大众创业、万众创新，是培育和催生经济社会发展新动力的必然选择，是扩大就业、实现富民之道的根本举措，是激发全社会创新潜能和创业活力的有效途径。

大学扩招以来，大学毕业生就业压力长期存在。做好大学生创新创业教育工作，鼓励大学生开展各种类型的创业活动，可以为高校毕业生创造更多的就业机会，促进高校毕业生充分就业；拓展大学生创新创业实践基地，充分发挥大学生科技创业园和科技企业孵化器作用，孵化新的微型企业，可以提高国家创新能力，促进经济结构调整和产业结构升级，促进经济发展和社会进步。

（2）积极推进大学生创新创业教育，是高等教育改革发展的必然要求。高等教育承担着培养高级专门人才、发展科学技术文化、促进现代化建设的重大任务。提高办学质量是高等教育发展的核心任务，是建设高等教育强国的基本要求。我国高等教育要提高办学质量，就要培养适应经济社会发展需要的各类中高级人才，而要为每一个大学生的全面发展打下坚实的基础，就必须开展创新创业教育。

（3）积极推进大学生创新创业教育，是高校改革的必然趋势。在高校开展创新创业教育，积极鼓励在校大学生自主创业，是不断提升大学生就业竞争力和可持续发展潜质的重要举措。高校通过一系列的创新创业教育，可以把大学生培养成高素质专业人才，更重要的是可以使一部分大学生变成工作岗位的创造者。基于此，创新创业教育已逐步成为落实科教兴国战略决策的有益举措。

（4）积极推进大学生创新创业教育，是在校大学生自我发展的需要。大学扩招带来了沉重的就业压力，企业的快速发展需要一专多能的人才。面对严峻的就业形势，大学生既要不断夯实理论基础，掌握实践技能，更要培养自己的创新创业精神，拓展未来的职业发展空间，不断激发自己的创业欲望和创业热情。通过创新创业教育，大学生可以提高自身的竞争力，不仅可以去寻找适合自己的工作岗位，而且可以通过自主创业实现自我价值，同时还可以为社会创造一定的就业岗位。

案例研讨

萌宠市场“弄潮儿”

“去东门吗？”在北京某高校校园里，马俊和迎面走来的同学打了个“暗号”般的招呼。他们说要去的地方是该校畜牧兽医系的大学生创业基地。

马俊走进这间位于学校东门口不起眼的平房，里面别有洞天。蜘蛛、蜥蜴、蛇、热带鱼……各色市面上不是很常见的萌宠都可以在这里找到。马俊的创业项目是售卖宠物蜘蛛，他给自己的网店取了个特色鲜明的名字——“蜘蛛侠的盘丝洞”。

在马俊眼里，这些蜘蛛就是财富，“便宜的每只几元钱，贵的有几千元”。马俊说，学校为了激发学生的创新创业热情，结合本校特色，将畜牧兽医系的一个实训室的部分空间改为了学生创业基地，还为每个创业项目提供了 5 000 元启动资金。马俊入校时，这个创业基地的团队已经繁育出多种动物，并且通过老生带新生的方式，不断传承着。

马俊一头扎进创业基地，感觉如鱼得水，一扎就是 3 年。除了上课、吃饭、睡觉，他几乎把全部时间都花在了蜘蛛身上。他一遍遍摸索尝试，为蜘蛛营造合适的孵化条件。为了弄清一些蜘蛛的习性，他和同学一起问老师、查资料，甚至啃起了平时看了就“头疼”的英文文献。

马俊认为，这种个性宠物在“90 后”“00 后”群体中很受欢迎，而且国内市场起步不久，自己未来的发展空间就在这里。

资料来源：http://www.jyb.cn/zgjyb/201607/t20160718_39172.html

研讨问题：上述案例中的创业项目给你带来了哪些启示？

第二节　我国创新创业教育的发展历程和现状

一、我国创新创业教育的发展历程

1998 年，中央教育科学研究所（现为“中国教育科学研究院”）首次提出“创新教育”的理念，并推动各级教育机构进行创新教育的研究与实践。同年，清华大学引入联合国国际劳工组织开发的创业教育系统课程，发起创业计划大赛，在创业教育方面开展了有益探索。

2002 年，教育部将中国人民大学、清华大学、南京财经大学、武汉大学、西安交通大学、西北工业大学、北京航空航天大学、上海交通大学和黑龙江大学确定为创业教育试点高校，标志着我国创业教育由高校自发探索阶段进入政府引导阶段。

2010 年，教育部出台的《关于大力推进高等学校创新创业教育和大学生自主创业工作的意见》，正式提出“创新创业教育”这一概念，强调创新创业教育是适应经济社会和国家发展战略需要而产生的一种教学理念与模式。至此，我国创新教育与创业教育实现高度统一，成为高等教育改革的重要内容和发展方向。

2015 年，国务院印发《关于深化高等学校创新创业教育改革的实施意见》，强调把深化高校创新创业改革作为推进高等教育综合改革的突破口，把解决高校创新创业教育存在的突出问题作为深化高校创新创业教育改革的着力点，把完善高校创新创业教育体制机制作为深化高校创新创业教育改革的支撑点，将高校普及创新创业教育上升为国家长期导向。

二、我国创新创业教育的现状

（一）创新创业教育受益面比较窄

目前，以自主创业为导向的创新创业教育大多侧重传授创办企业所需的知识与技能，而忽视培养学生的社会责任感、创新精神、创业意识和创业素质。这就造成创新创业教育的受益面局限于少数有志于创业实践的学生，难以满足不同地域、不同专业学生的不同需求，不能进入教学主渠道辐射更多的学生。

（二）创新创业教育与专业教育脱节

目前，限于课程体系、师资队伍、实践平台等多方面的限制，多数高校开设的创新创业教育为宽覆盖的通识课程，即不同专业背景的学生接受的都是同质化的创新创业教育。这就导致创新创业教育与专业教育基本上各自为政，使大学生难以将创业活动与专业优势结合起来，因此大多数大学生或毕业生的创业仅停留在生存型创业层面，而促进科技成果转化、技术创新、文化创新层面的创业较少。

（三）创新创新创业教育的体系不健全

目前，我国高校开展的创新创业教育虽然已在实践中积累了一定的经验，但还没有形成比较完整的教育体系。各高校在课程体系、教学内容、教材建设、实践教学、质量评价、考核方式、评价标准等方面还没有完全达成共识，基本上处于“各自为战”的状态。

案例研讨

二手书里挖出创业“一桶金”

李某是一名普通高校的学生，她喜欢阅读各类书籍，经常去二手书店淘书。时间久了，她发现，很多二手书店通常是将别人不太好卖的书籍收来放在店里销售，所以总是难以从中找到自己想要的书。而且，随着网上书店的迅速崛起和图书市场格局的演变，二手书店越来越少。同时，随着物价上涨，包装精美的图书价格不菲，二手书市场的利润空间有所扩大。她还发现，一些好书在出版后不久就在全国各大书店下架了，甚至有不少成了绝版书。

经过一番细致分析，李某决定用自己这几年兼职积攒的钱开一家二手书实体店。经过调查，她将二手书店的受众确定为她所在学校的学生和老师，将经营的二手书类型确定为经管、社科和人文类，将收购范围确定为知名作者和优秀出版社的书，以及老师推荐的书。

不久，她又在淘宝网上开了一个店铺并开始在网上收购二手书，很快网上交易量就占到了业务总量的15%。此外，她还销售一些基本不盈利的书籍，用于维系老顾客和吸引新顾客。后来，她又增加了“寄售”业务，即为老顾客代销二手书，从中收取一点代销费。经营了半年之后，李某的二手书店每个月都有 4 000 多元的净利润。

资料来源：钟宇，朱勇刚，蔡向阳. 创新创业实践能力训练［M］. 镇江：江苏大学出版社，2016.

研讨问题：你是否像李某一样有感兴趣的创业项目？你觉得应如何去开展？

获 35 项国家专利的四口发明之家

第三节　专创融合

当今世界，各国之间的竞争实际上是创新创业人才的竞争。所谓创新创业人才，并不是指“人人都是发明家，人人都是公司老板”，而是指具有创新创业精神、符合人力资本市场需求的高素质应用技能型人才。这就需要高校在培养创新创业人才时将专业教育与创新创业教育结合起来，将专业教育作为创新创业教育的有力支撑，将创新创业教育作为专业教育的有力补充，即专创融合。

一、专创融合的发展路径

（一）设立融合共享的课程体系

高校可通过调整课程设置实现创新创业课程、专业课程、意识培养课程“三课”互补，相互融合：通过挖掘和充实各类专业课程的创新创业教育资源，把创新创业教育融入专业知识传授过程中；通过意识培养课程，培养学生对创新创业的兴趣以及他们的创新意识。

高校还可充分借助网络信息化平台实现校内、校际资源共享。例如，通过鼓励校内跨学科协同共建课程，推出如营销学、管理学、心理学等与创新创业相结合的线上课程资源，实现校内资源共享；通过与校外优质机构合作，采用自主开发、协同共建、引进课程等多种形式，建设一批与创新创业相关的网络精品课程，实现校际创新创业资源共享。

（二）设置多元化的实验平台

为促进专创深度融合，高校可设立校企合作培养平台，提供校企一站式的实验平台，衔接企业实践与探究实验，以开阔学生思路，提升学生的创新创业实践能力；可设立学科交叉实验室，以使学生掌握系统、综合的理论知识结构；可设置专项实验室，为学生提供专门的场所进行专项研究，以提高学生的实践能力。

（三）建立协同合作的育人新机制

校院企协同育人新机制主要包括学校和科研院所联合培养、学校和企业联合培养、校院企多方联合培养。校际、校企、校院之间的协同合作，可以为大学生提供创新创业的场地、资源等，可以开拓大学生的理论研究视野。这将对促进大学生挖掘自身潜能、转化研究成果等起到重要的作用。

（四）构建“1+1”型导师团队

导师是培养大学生创新创业能力的重要引路人，“专业+创业”（“1+1”）全方位的导师团队建设，是专业教育与创新创业教育融合的一个重要途径。学校专业导师知识和经验丰富，能对学生在创新创业过程中遇到的专业问题进行启发和引导；创业导师来自企业，实践经验丰富，可以为学生在创业过程中遇到的创业准备、企业注册与经营管理等实践问题提供指导。因此，组建“1+1”型导师团队，对帮助大学生解决在创新创业过程中遇到的现实问题，提高大学生的创新创业能力有着重要的作用。

二、师范生专创融合教育的重要性

（一）严峻的就业形势迫使高校强化师范生的专创融合教育

从近几年大学生的就业情况来看，师范生的就业形势越来越严峻。首先，越来越多符合条件的社会公众和非师范生都在申报教师资格，希望进入教育行业，从而使教育行业的师资日趋饱和。其次，国家“特岗教师”这一特殊政策的实施，逐步解决了农村学校师资总量不足和结构不合理的问题，但这也对师范生的就业带来了很大的挑战。

受传统教育模式的束缚和影响，高校对师范生的创业技能和创新精神的培养，与其他专业相比有着明显的不足，师范生的就业领域和发展方向受到很大的限制。据不完全统计，我国师范类毕业生从事的行业基本在教育、公务员、事业单位和社会团体等公职领域，在公司、企业、工厂等经济领域的只占 1%左右，成为企业家的更是少之又少。因此，高校必须加强对师范生的创新创业教育，培养学生的创新思维、创业意识和创业实践能力，使其具备自主创业的能力，以缓解未来的就业压力。

（二）教育领域的发展趋势需要高校加强师范生的专创融合教育

在教育领域，我国主要的矛盾是人民群众和社会发展对教育更多、更高的需求同优质教育资源供给不足的矛盾。未来，教育领域的工作岗位将越来越脱离传统的模式和要求，更多潜在的前人未涉足的新型岗位或领域会不断涌现，而这种新型的教育岗位或领域必须由具有专业师范技能和创新创业能力的人才来开拓。

知识小卡片

《乌鸦喝水》与创新思维

《乌鸦喝水》的故事被收录在小学语文课本中，用来教育小学生要善于观察，勤于思考。在新的教育模式下，老师在讲述这个故事时，可以引导孩子们从正向思维和逆向思维两个方面来思考。具体模式如下：

（1）正向思维模式：水在瓶子里，乌鸦把嘴伸进瓶中喝水。

实际情况：水太少，乌鸦嘴太短。

难题：如何喝到水？

解决方案：让乌鸦的嘴变长或让水变多。

（2）逆向思维模式：乌鸦的嘴不可能边长，短时间内瓶子中的水也不可能变多，那么就让瓶内空间变小。

解决方案：用物体（如石子）填充瓶子。

创新思维的关键点在于要弄清楚问题的关键所在，并尽可能多地找出相关影响因素，再逐一尝试解决影响因素。若仍无法解决，可使用逆向思维从结果倒推解决方案（也可直接使用逆向思维）。

三、提升师范生创新创业能力的途径

（一）以创新创业教育为依托，转变师范生的就业理念

创新创业教育被喻为“第三本教育护照”，第一本、第二本教育护照分别为学术性的学历证书和职业性的职业资格证书。将创新创业教育与学术研究和职业教育放在相同高度，是目前世界公认的教育理念。

为保障创新创业教育的顺利开展，我国各级政府部门先后出台了一系列政策为创新创业教育进行方向性的指导。例如，教育部下发的《关于大力推进高等学校创新创业教育和大学生自主创业工作的意见》对高校开展创新创业教育的重要性进行了阐述。在国家政策的引导下，许多高校都进行了创新创业教育的探索与实践，且有部分高校已经形成了具有地方特色、符合自身发展特点的创新创业教育体系。师范类院校应去有经验的高校考察、学习，多在本校组织相关经验交流活动和讲座，并建立保障师范生创业活动的有效机制，以点燃师范生的创业激情。

（二）以课堂教学为保障，丰富师范生的创业知识

创业知识的获取渠道主要是第一课堂。首先，创业知识包括专业知识和职业知识，创业者在创业前必须储备一定的专业知识和职业知识，以这些知识储备为基础来开展创业活动。例如，一些师范生想开发教育类产品，那么他们就要结合自身的学习与实习经历寻找新的教育产品需求点，对当前的教育产品进行升级优化或者开发全新产品。

其次，创业知识还包括经营管理知识和综合性知识。创业者学习经营管理知识的目的是让所有工作都能制度化，所有部门的运作都能按照“低成本、高效益”的目标进行，进而为企业创造更多的价值、更多的利润。综合性知识主要包括人际沟通、市场风险预测等其他与创业活动相关的知识。掌握这两种知识对创业者来说至关重要，在一定程度上决定了其能否创业成功。

案例研讨

“80后”师范生开火锅店创业

大学毕业是一个分水岭。毕业以后，有人选择了继续深造，有人选择了找一份安稳的工作，而李海鹏选择的是创业。

李海鹏的父母都是农民，家庭经济状况较差。2000 年，李海鹏考入临沂师范学院历史系，入学时要交的 8 000 元学杂费都是由父母东拼西凑来的。

在校期间，李海鹏一边学习，一边利用业余时间打工。大学的第一个暑假，他来到南昌市青山湖区打工，先后干过家政、推销等工作。暑假结束后，他用挣来的钱买了一辆二手车，简单装饰后就租了出去，结果收益很好。颇有经商头脑的李海鹏感觉到租车行业的利润和前景还不错，于是把赚来的钱都用在了购置车辆上。最多的时候，他曾同时出租 7 辆车。

就这样，在别的大学生还向父母伸手要钱的时候，李海鹏就已经有了一份稳定的收入。在大二、大三的寒暑假，他又到北京、上海、深圳等地的企业实习，大大开阔了眼界。后来，他用积攒的 40 多万元，与别人合伙在深圳开了一家汽车装饰品加工厂。2004 年大学毕业时，李海鹏已经拥有近 600 万元的资产。

上大学期间，除了第一年 8 000 元的学杂费，李海鹏没再向家里要过一分钱。李海鹏说："如果说刚开始打工时，是为了减轻家庭负担，那么到毕业时，我的想法有了改变。我觉得大学生是有知识、有文化的劳动者，能靠自己干一番事业。"

也许是发现了自己的经商天赋，2004 年大学毕业时，李海鹏选择了自主创业。他利用闲置资金，在临沂开了一家火锅店，主营火锅、烧烤和特色菜。由于经营有道，2006 年，李海鹏的火锅店被评为"临沂市十大火锅名店"。

之后，他又先后涉足文化、投资、建筑装修等行业，逐步完成了资本积累。针对很多项目为什么仅干两三年就不干了的疑问，李海鹏说："竞争激烈，眼光必须转变得快。"从创业至今，他涉足过几十个行业。

2009 年，李海鹏在山东省菏泽市创办了占地 200 多亩的山东皓宇服装有限公司。2010 年，他将公司总部搬到了济南。2011 年 5 月，公司改制成控股集团，年仅 30 岁的李海鹏担任董事长。公司旗下有十几家企业，核心业务是投资担保，总资产近 8 亿元，年销售收入达 10 多亿元。在 2010 年中国"80 后"青年创富榜上，李海鹏以 2.1 亿元的资产位列第 27 位。

当年，李海鹏虽然只是一个师范学院的大学生，但是他在校期间就做到了许多人做不到的事情，这些经历为他毕业后的创业打下了基础。最终，他没有选择去当老师，而是选择了自主创业，并获得了成功。

资料来源：https://www.sohu.com/a/246842258_117373

研讨问题：现在的教师行业竞争激烈，师范生不仅要与师范生竞争，还要与非师范专业的毕业生竞争。很多师范生打算在毕业之后考教师，却发现竞争太大，就又想自己创业。请你结合本专业特点，想一想：你可以选择哪些项目进行创业？若想创业成功，你现在需要做哪些准备？

课后思考

（1）分析中国经济发展的总体形势和宏观走向，谈谈你对我国“双创”战略意义的认识和理解。

（2）深化创新创业教育改革，需要有微观层面的课程支撑。试分析你所在学校的创新创业课程设置是否合理。

（3）面对国家的“双创”战略，作为一名师范生，你认为如何进行职业生涯规划和相应准备，才能承担起新时代赋予自己的历史使命。

上篇

创客教育

第一章　创客教育概述

学习目标

知识目标：了解创客和创客教育的内涵，以及我国创客教育的发展趋势；理解实施创客教育的意义。

能力目标：明确教师在创客教育中的角色定位。

素质目标：积极学习创客教育并进行创客实践。

主要内容

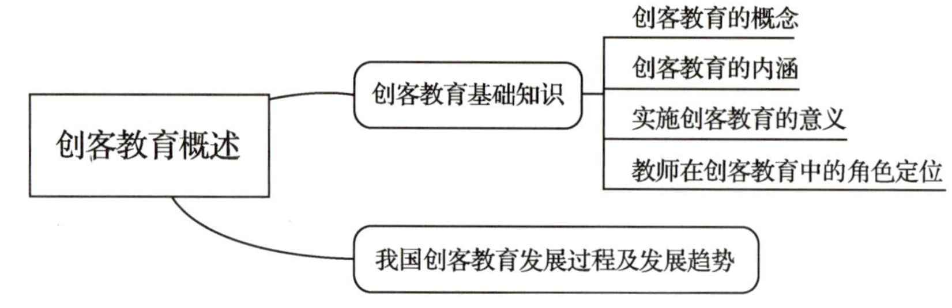

引导案例

“创客集市”点亮梦想

水滴在瓶中瞬间凝固成七彩雪花，炽热的红色小火山将瓶口的气球推出，牛奶在棉签一端“跳舞”，玻璃上白板笔写的字在飘动，柚子电池也能发电……各种奇思妙想出现在武汉市洪山区第一小学举办的“创客集市”上。

在“创客集市”上，孩子们玩“科学种植”，大蒜、绿豆芽、薄荷、向日葵的生长日记里描绘着每粒种子的成长画面；玩“自然观察”，金鱼、仓鼠、蜗牛、蚯蚓的观察记录里述说着每个动物的成长故事；玩“编程游戏”，Makeblock 机器人、能力风暴机器人平台、开源硬件、乐高拼搭的设计中无一不流露着孩子们的巧思妙想。

在“创客集市”上，孩子们还可以体验各种科技的魅力。一年级学生在“科技更有趣”展区，通过体验纸电路、智能杯垫、未来智能交通、长江大保护等项目，看到了未来生活的无限可能。二（1）班学生通过体验互动编程之探究超声波测距，学会了使用图形化编程软件、智能电子硬件和多功能工程结构件进行简单的超声波测距。二（3）班学生通过体验互动编程之天文仪，看到了昼夜交替、日食、月食等天文现象。三年级的孩子则用手机 app 连接了虚拟人物“小强”，通过控制“小强”前进、后退来让他踢足球。不仅如此，他们还能操控“小强”走平衡木。

除了丰富多彩的“创客集市”大展示，“创客论坛”更是别具新意。孩子们用舞蹈、交响乐等多种形式，“登”上高铁、轮船、飞机，寻觅世界各地的创客文化，领略不同地域的风土人情，感受创新创意的独特魅力。

在唯美的楚山楚水、楚音楚韵中，“创客高铁”首站抵达武汉，学生们结合古代楚国的青铜器、玉石器、服饰等，用现代理念进行再创作。随后，他们还在世界各地都留下了“足迹”。

非但跨越地域，学生们还能穿越时空。他们在明代海上丝绸之路上与郑和来了一场邂逅，向他介绍用编程、设计软件和 3D 打印技术制造出的轮船；他们还穿越到 19 世纪，见证了俄国画家列宾创作《伏尔加河上的纤夫》的过程。

“我们旨在通过捕捉每一个灵感，求索每一个遐想，打造出‘人人皆创客’的校园氛围，让生命创造奇迹，用智慧开启未来。”武汉市洪山区第一小学的王校长说。

资料来源：http://www.jyb.cn/rmtzgjyb/201901/t20190109_127831.html

第一节　创客教育基础知识

一、创客教育的概念

“创客”一词来源于英文单词“maker”，是指出于兴趣与爱好，努力把各种创意转变为现实的人。近年来，创客专门用于指代利用互联网、3D 打印机和各种桌面设备与工具，将自身的创意转变为实际产品的勇于创新的一群人。

《中国创客教育蓝皮书（基础教育版）》对创客教育进行了定义——创客教育是创客文化与教育的结合，是基于学生兴趣，以项目学习的方式，使用数字化工具，倡导造物，鼓励分享，培养跨学科解决问题能力、团队协作能力和创新能力的一种素质教育。

创客教育集创新教育、体验教育、项目学习等思想为一体，契合了学生富有好奇心和创造力的天性。创客教育通过鼓励学生进行创造，并在创造过程中有效地使用数字化工具，培养学生动手实践的能力，让学生在发现问题、探索问题、解决问题中将自己的想法作品化。

二、创客教育的内涵

（1）创客教育不是额外的教育，也不是附加的课程。创客教育不是孤立于知识教育之外的，其不仅基于知识，而且着眼于知识的深化和创造，并非额外的教育。

创客教育只需贯穿各门学科之中，充分挖掘各学科已有的资源，如中小学的综合实践课程、信息技术课程等，注重各学科之间的联通，而无须附加相应课程。

（2）创客教育不是小发明、小制作，也不是各种竞赛。创客教育的目的是在实践中培养学生的创新精神和实践能力。创新的多样性决定了创客教育的丰富性，因此其内涵远不止是对学生进行小发明、小制作等的教育。

创客教育也不是各种竞赛。适当地参加竞赛能够增强学生的荣誉感，彰显学生的重要性，激励学生锐意创新，也有利于形成创新氛围，但让学生无休止地参加竞赛，并将竞赛结果作为升学等的工具，会导致学生在高强度的训练中丧失兴趣，在名次争夺中弄虚作假，反而不利于学生的成长。

（3）创客教育不是少数人的特权，也不是自然科学等理工类学科的专利。创客教育根植于民主、自由、开放、共享的“草根”文化，其实施效果的好坏不是由技术和设备的先进与否决定的，而是取决于教育中是否蕴含创新、实践、共享的创客精神和理念。因此，即使没有先进的工具，也不妨碍优质创客教育的形成。

创客教育也不是个别学科的专利。从成果属性上看，有与科学发现、技术改造、制度变革、文化生产传播等相关的创客教育；从涉及领域看，有物质生产和精神生活领域的创客教育；从立足的课程看，有基于综合实践课、信息技术课、活动课、语文课、英语课等的创客教育。

三、实施创客教育的意义

（一）创客教育是培养学生实践创新能力的重要阵地

相较于传统教育，创客教育在培养学生实践创新能力方面具有得天独厚的优势。创客教育鼓励学生以兴趣为导向，以造物为基本形式，将头脑中的创意转变为可视化的成果。在实践过程中，为寻求问题解决方案，学生自然地会卷入对各相关学科知识的学习，以期通过跨学科整合努力使自己的创意变为现实。

这种问题解决方式不同于传统的应试教育：应试教育旨在教会学生在单学科、单知识点中寻求特定问题的标准答案，而创客教育旨在教会学生综合运用多学科知识，通过坚持不懈的努力将自己的创意方案付诸实践。因此，通过创客教育，学生的实践创新能力将获得持续和主动的发展。

（二）创客教育为建设“双创”社会奠定了重要基础

创新是人类社会文明进步的源泉和不竭动力，我国政府高度重视创新型人才的培养。创客教育与学生创新创业能力的培养相结合，不仅为我国的创客教育指明了前进的方向和道路，也为建设“双创”社会奠定了重要基础。

创客教育以学校为主要阵地，以“开放创新、探究体验”为教育理念，以“从做中学”的方式和造物的形式培养学生的创新能力和创造意识，其教育价值和社会价值已经得到了社会各界的广泛认可。

在基础教育领域，创客教育的开展能够为创新创业人才的培养打下良好的基础；在高等教育领域，创客教育与大学生创新创业教育融为一体，不仅促进了创新创业人才的培养，而且孵化了一批能够直接面向社会的“双创”人才。

四、教师在创客教育中的角色定位

创客教育是一种“普惠教育”，并非为了培养发明家，而是为了让学生各展所长，培养他们的创新精神、创新思维和创新技能。

以往，教师是课堂的中心，学生被动地接受知识的灌输；教学目的重在学习成果，而检验成果的唯一标准是考试成绩。在创客教育中，学生成为中心，由被动接受转为主

动学习，教师是辅导者；创客教育重视学习的过程，重在培养学生提出问题、研究问题、解决问题和动手实践的综合能力，培养学生的创新精神和批判性思维，并以“创”的过程来检验学生的知识掌握程度。

案例研讨

创客教育——在孩子心田播下创新的种子

在北京、上海、深圳、广州，越来越多的当地中小学积极尝试将创客教育引入教学之中，积极将创新的种子播种在孩子们的心田，以实现素质教育，促进教育变革，为建设创新型国家做出积极贡献。

2018 年 4 月 22 日，在西安理工大学曲江校区，一场精彩的青少年机器人大赛正在进行。来自西安市中小学校的 200 多支代表队共 400 多名青少年选手在 FLL（FIRST LEGO League，FIRST 机构与乐高集团组成的一个联盟组织）工程挑战赛、WER（World Educational Robot Contest，世界教育机器人大赛）积木教育机器人普及赛、超级轨迹赛等赛项中展开了激烈角逐。

哨声响起，超级轨迹赛正式开始。按照规定，选手所制作的机器人必须沿着轨迹线向前运行，当机器人的主体结构投影全部脱离了轨迹线，就被认为是脱线运行，比赛随即终止，即时成绩被视为最终比赛成绩。机器人如果沿着轨迹线相反的方向运行，则被视为挑战失败。

比赛中，小选手们紧紧握住手中的控制器，谨慎地控制着自己的机器人，力争在最短的时间内跑完全程。一位小选手看到自己的机器人顺利完成了比赛，高兴得手舞足蹈。另一名小选手就没那么幸运了，他的机器人脱离了轨迹线，比赛终止。看到他难过的样子，旁边的小选手们都鼓励他别灰心，继续调试机器，力争下次挑战成功。

西安市现代教育信息技术中心研究指导部部长表示：“西安市中小学青少年机器人比赛已经连续举办了 18 届，每年的参赛人数都在不断增加，竞赛规模不断扩大，水平不断提高。机器人比赛激发了学生的创新精神，培养了学生的实践能力，全面推进了素质教育，为国家培养出了未来具有国际竞争力的创新型人才。目前，机器人大赛已成为西安市中小学创客教育的一个重要品牌。”

资料来源：https://www.caigou.com.cn/news/2018051152.shtml

研讨问题：创客教育可以培养中小学生的哪些品质？

什么是创客教育？

创客教育助推教育信息化新发展

第二节　我国创客教育的发展过程和发展趋势

一、我国创客教育的发展过程

我国创客教育起步于少数中小学校和教师们的自发探索。21 世纪初，国内一些学校，如北京十二中、清华大学附属中学、广州执信中学、深圳中学等，开始尝试在通用技术、信息技术等课程中融合科学、数学、物理、化学、艺术等学科知识，来培养学生的跨学科问题解决能力、同伴互助协作能力和创新能力。

自 2014 年开始，与创客教育相关的论坛活动陆续在全国各地举办，这标志着我国创客教育由自发的实践探索时期进入有组织的理论研究和实践探索相结合的时期，相当一批学者和中小学教师开始活跃在创客教育的理论研究和实践中。

2015 年，我国政府加大了对创客自由创业的支持力度，为创客教育提供了强有力的政策保障和支持。自此，创客教育在北京、上海、广州、深圳、温州等地的中小学校流行起来。

二、当前创客教育面临的问题与挑战

近年来，创客和创客教育相关研究的数量开始呈井喷式增长，成为学术界的热点话题。但由于创客教育在我国开展时间较短，积淀不足，创客教育的发展仍面临着许多问题和挑战。

（一）创客教育的理论研究有待完善

近年来，许多研究者提出了若干理论上可行的创客教育实施框架。但是，这些框架仅仅提供了开展创客教育的大方向和大轮廓，缺少具体的实施案例和成熟的课程做支持，并且这些框架复杂多样。面对纷繁复杂的现实问题，这些复杂多样又缺少实践经验支撑的框架给一线学校造成了一定程度的困惑。

创客教育涉及的内容十分广泛，其边界如何，学术界并无定论，导致创客教育课程和资源的开发乱象丛生，模糊了创客教育的焦点，使创客教育成了个“筐”，什么都可以往里装。

此外，关于创客教育效果评价标准的研究较少。虽然一些研究者在开发创客教育教学模式时提出了相对应的评价标准，但也只是简单介绍了评价的维度，并没有案例和实践效果的说明。

（二）创客教育的师资匮乏

各地在推进创客教育的过程中都遇到了一些困难，其中一个突出的问题就是创客教育师资匮乏。

创客教育是一种集高度复杂性和极强综合性为一体的创造性教育活动，对教师有着较高的要求。在学生进行创客学习的过程中，教师不仅要在知识、技术上予以指导，还要在心理方面提供帮助，如灵感激发、关怀安慰等。因此，除了教师必备的教学能力外，创客教育还要求教师掌握多学科知识，具有突出的启发和诱导能力。

目前，我国从事创客教育的教师多为信息技术教师，信息技术教师能够在软硬件技术等方面给学生提供专业的指导，但因专业限制对其他学科内容了解不够，而其他学科教师又因平时教学任务繁重，无暇分身了解新技术和新工具。由此，创客教育多课程融合的特质给学校师资安排带来了巨大的挑战。

（三）创客教育的经费不足

创客空间所需要的设备材料、图书及其他软硬件都会产生相应的费用，而且随着创客教育的不断进行，这些设备的维护、修理和耗材的持续供给也是一笔很大的费用。因此，创客空间需要较为稳定的资金注入以维持正常运转。但目前有些学校面临教育经费不足、拓展外部资源能力有限的难题，因而无法很好地开展创客教育，阻碍了创客教育的推广。

（四）创客教育的可持续发展问题有待解决

正如一些研究者所言，创客教育面临的最大问题就是可持续发展的问题。在“分数决定命运”的社会现实背景下，人们虽然清楚创客教育能够培养学生的创新能力，但更关注其是否会影响学生的成绩和升学。此外，创客教育还面临着教育不均衡问题，以及与传统教育体系相冲突的问题，这些都是实现创客教育可持续发展不可回避的问题。

课堂互动

一些教育者受媒体炒作、教育变革潮流等的影响，认为创客教育是解决所有问题的“万能处方”。对此，你有什么看法?

三、我国创客教育的发展趋势

（1）转变研究范式，从哲学思辨范式转变到实证研究范式。目前，我国创客教育研究成果数量虽呈上升趋势，但大多数研究停留在对国外创客教育的引进和对创客教育理念的本土化探索上，在实证领域尚处于初步探索期。

我国创客教育的实践研究有成功的案例（如温州中学），但研究力度尚浅，无法在全国大范围推广。对此，研究者今后应注重从实践出发，加强创客教育的实证研究：

其一，加强中小学创客教育实践教学研究。

其二，推进高校创客教育的发展，拓展创客教育的实践路径。

其三，构建创客教育评估体系，使用量化评估研究方法推进我国创客教育的发展。

（2）深化课程理念，研发一体化创客课程体系。创客教育不仅需要创客空间作为实践场所，也需要创客课程作为基础支撑，创客空间和创客课程相互依托。

从整体上看，我国创客课程结构松散，不成体系，因此，应从各层面注重一体化创客课程体系的研发：

其一，在国家层面，研发通用的国家创客课程。其中，中小学研发融入基础学科教学的创客课程，培养学生的创意思维；高校研发融入公共基础课、专业课、选修课的创客课程，培养学生的创造技能和创业能力；社会研发融入满足创新人才培养的创新创业教育课程。

其二，在地方层面，研发具有地方特色的创客课程。

其三，在学校层面，研发能突出学校特色的校本课程。目前，我国浙江省温州中学和北京景山学校研发了多门校本创客课程，可作为参考。

需要注意的是，创客课程既要突出不同学龄段创客教育的重点，又要注重创客教育的连续性，促进创客教育的可持续发展。

（3）加强研究实践，促进创客教育与实践教学的深度融合。目前，我国创客教育与学科实践主要集中在中小学信息技术课程与高校的计算机课程方面，实践范畴涉及面狭小，仅通过某门课程的实践，创客教育难以与学科深度融合，实现教学改革。因此，研究者应加强创客教育与其他学科的融合与实践：

其一，创客教育不只是信息技术或计算机学科的“专利”，应将创客教育融入其他学科教学，以使其与现有教育教学深度融合，促进其全面发展。

其二，重构现有学科体系，探索创客教育与多学科融合的教学模式。

其三，以项目实践的方式开展创客教育，促进创客教育的发展。

（4）关注教师成长，提升教师创客素养。创客教育实际上是一种以培养创新创造力为核心的新型教学模式，该模式对教师的创新力和创造力提出了新的要求，学校可以从以下几个方面来提升教师的创客素养：

其一，开展创客教育专题研讨会，以创客共同体的形式实现经验交流和资源共享，从创新意识、创新思维等方面来提升教师的创客素养。

其二，加强校企、校社合作，充分发挥企业创新技术与产品、社会创客空间的优势，从创新实践能力、创造能力等方面提升教师的创客素养。

其三，通过举办创客教学大赛激发教师的创新创造力，并将优秀创客教学案例通过网络平台实现资源共享，从技术能力和教学能力等方面培养创客型教师。

知识小卡片

创客教育的“温州模式”

课程是创客教育持续发展的内生力量。温州市教育局鼓励各学校校本化开发，各校逐渐形成了一校一品牌、一校多特色的课程体系。例如，温州市实验中学将创客教育全面纳入课程教学体系，开发了涵盖信息技术、音乐、美术、精工、木工等多个学科的创客教育校本课程体系。

为了培植创客文化，温州市教育局通过举办各种论坛、文化节与创新大赛，多管齐下营造创新氛围。同时，温州市还非常注重课题研究，以课题引领工作，使全市形成了浓厚的创客教育氛围。

同时，温州市教育局已在谋划温州创客教育 2.0 行动计划，探索构建面向未来的创客教育，以期实现“三未来”“三培育”的发展目标。为此，他们认为必须把握好三个基本维度：第一是为未来，教育者要为未来而教，受教育者要为未来而学；第二是向未来，教育者要有超前意识和前瞻意识，要努力把握时代的风向标，精准研判教育发展新趋势，密切关注经济社会发展新需要；第三是创未来，教育者要在教育变革中走向未来、创造未来，不断逼近一直苦苦寻找的教育理想国。

温州市教育局提出，面向未来的创客教育以培养未来人才为宗旨，应主要进行三个方面的培育：第一是培育具有创新素养的未来教师。将创客教育所倡导的动手操作实践体验的理念融入学科教育中，希望每一位教师都能成为创客师型教师。第二是开发培育创客师的未来课程。鼓励将创新、跨学科融合、基于项目思维方式融入未来课程设计中，强调以深化课程改革和育人模式创新为突破口，坚持推进有特色、多样化的未来课程建设。第三是培育创新型人才。贯彻以学生为中心的教育思想，通过创新学习方式，力求将核心素养目标与培养人格完整的未来公民目标相适应、相契合。

资料来源：http://www.jyb.cn/rmtzgjsb/201911/t20191105_272754.html

案例研讨

达·伽马与创客教育

讽刺的是，在我们向孩子们展示世界上最具创新思维的成就时，他们自身的创造力却在被此举泯灭。

——杰茜卡·奥赖恩（专栏作家）

我的孙子保罗正在上五年级，他为有关瓦斯科·达·伽马的报告准备了全套的服装，制作了各种各样的道具，甚至写了一篇自传来宣读。他之所以做了如此充分的准备，是希望可以让这个十分沉闷的主题变得有趣，并确保自己和同班同学都能够享受这个有趣的过程。

然而，他的老师告诉他，自己并没有事先同意使用道具、服装或叙述性报告，他所有的准备只会变成“导致班上其他未准备的同学遭受不公平待遇”的工具。

尽管作为一个祖父和一名终生都在从事教育事业的教育者，我在一开始对保罗的遭遇感到十分愤怒，但是，这个故事很快就促使我开始产生疑问，为什么保罗的老师，一个原本十分优秀的教育家——至少从保罗向我分享的其他课堂故事中可以判断出来，会选择将保罗对这份报告的创造性处理方法扼杀在摇篮中？为什么一些教育工作者不仅不能够鼓励学生的创造力，反而看起来更倾向于扼杀这些创造力呢？

我对这个问题的研究越是深入，就越是为这些教育者感到同情，因为他们往往在付出极大心血帮助自己的学生培养创造力的过程中，感到十分困惑和矛盾。

当今世界上最成功的人中有很多都极富创意，而且创造力的重要性也变得日益突出。著名教育学家肯·鲁滨逊长期以来一直在这个问题上对教育者持谴责的态度，在一次演讲中，他曾指出：“现在，创造力在教育中的重要性不亚于识字能力，而我们也应给予创造力应得的地位和重视。”

在培养孩子创造力方面，我们究竟是做了大量的表面文章，还是真心实意地相信所有的孩子都可以或都应该成为富有创造力的个体？一方面，我们在选修的艺术课上接受孩子们的创造力；当孩子们精心策划并呈现了一场充满智慧的舞台表演时，我们掌声如雷。但更多时候，我们却为他们设置了要求他们必须遵守的各种条条框框，一再进行只有一个标准答案的各种测试。因此，我们一方面声称要培养孩子们的创造力，一方面却往往基于思想层面对好评的追捧，行动方面对成绩的追逐，将孩子们的创造力扼杀在了萌芽阶段。

资料来源：道格·约翰逊．从课堂开始的创客教育：培养每一位学生的创造能力[M]．北京：中国青年出版社，2016.

研讨问题：请结合案例浅谈教师在创客教育中的作用。

郑东新区让创客教育成就孩子未来

（1）有人指出，为了使创客运动持久、健康地发展下去，创客文化的普及要从娃娃抓起。你是否同意上述看法？说说你的理由。

（2）我国传统教育主要以分数高低来甄别学生，虽然教师和家长都清楚创客教育对学生创新能力培养的重要性，但更关注其是否会影响学生的成绩和升学。

针对这种情况，我们要如何处理创客教育与传统教育评价体系之间的关系？

第二章　创客教育的实施

学习目标

知识目标：了解创客空间的概念，知道创客空间的基本组成部分，了解创客空间的评价体系；熟悉创客课程体系，知道创客课程的构成要素；了解本土特色创客教育。

能力目标：能够进行创客空间的设计和管理；能够建设创客课程体系；通过案例学习，具备设计创客课程教学目标、内容、教学模式、学习评价的能力，以及根据实际情况进行创新，建设富有特色的创客课程体系的能力。

素质目标：了解创客课程，对创客课程产生兴趣。

主要内容

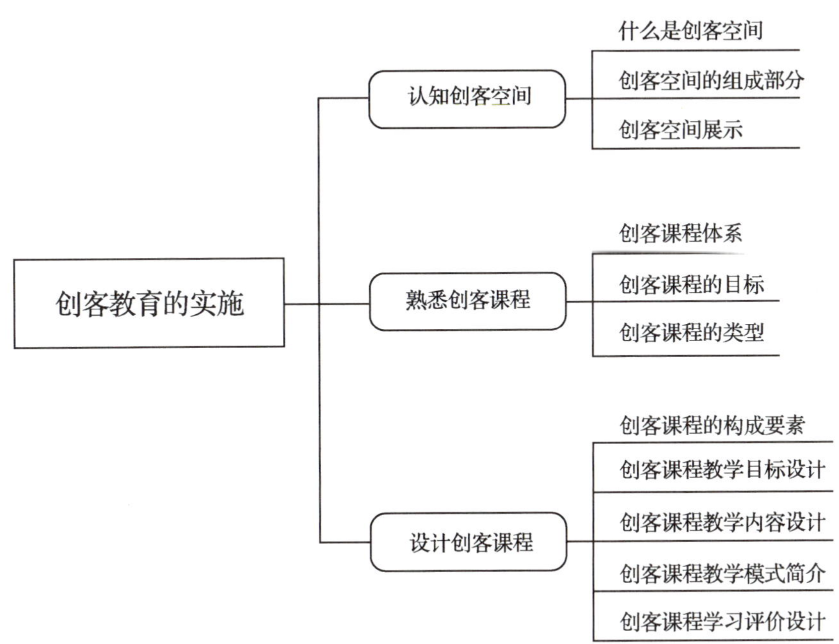

引导案例

铅山县稼轩小学创客课程——三维创意（Fusion 360）

铅山县稼轩小学位于江西省上饶市，虽然是一所农村小学，但学校一直重视培养学生解决生活中实际问题的能力，并注重培养学生的创造性思维。为了让学生将自己的创意真实地呈现出来，学校开设了三维创意课程。该课程借助三维创意设计软件Fusion 360进行开展，旨在用3D打技术激发学生的创新热情，培养学生的创新能力。

稼轩小学开设三维创意课程的目的并不是简单地让学生学习建模软件，而是把学生培养成有思想、有创意的设计者与思考者。所以，学校在三维创意课程中融入了创客教育的思想：科学问题源于自然，源于某一现象，如“为什么杯子里的热水会变凉”；工程学问题则源于需要解决的某个难题，如“怎样让房子更保暖”。这两个问题看似毫无关联，但其本质都是热力学中能量的传递问题。当教学围绕这个本质展开时，就有了一条隐形的线索，将科学和工程问题有机地结合在了一起。

在稼轩小学，指导老师首先向全校学生征集生活中遇到的问题及创意，然后在问题、创意中选取和3D建模有关的素材。接下来在每周的三维创意社团活动中，让学生分组探索、思考、操作，从而为学生开辟一种全新的思维通道。

在活动过程中，学生在借助3D打印技术的基础上综合运用各学科知识认识、分析和解决现实问题，这不仅使其创新思维能力得到了明显的提升，还培养了其信息素养、实践能力等，十分有助于其综合素质的全面发展。

资料来源：https://www.sohu.com/a/411565362_704193

第一节　认知创客空间

一、什么是创客空间

（一）创客空间的定义

创客空间类似于创新孵化器，可以为创客活动提供一定的工具、信息资源，是一个供创客们萌发创意、制造科技产品、自由讨论和分享想法的地方。

简单来说，创客空间就是创客们动手创作、交流分享的活动场地。我们可以把创客空间看作是开放交流的实验室、设计室、加工室，大家在这里一起共享知识并创造新事物。

创客空间的形式不固定，可以是某个社区或家庭的一个小空间，如阳台、后院、空余的房间等，也可以是活动中心、实验室、工厂，还可以是专门的营利性企业提供的收费空间，等等。

创客空间的存在，让更多的人有机会亲自参与到创意构思、技术创新、产品制造等的活动中来。从发展趋势上看，它将为技术的积累，创意的产生、实现、交易等创造更多的可能性。

知识小卡片

创客空间和众创空间的区别

一般来讲，创客刚开始进行作品创作只是因为新奇好玩，所以在创作时并没考虑作品的商业价值，更没考虑将来是否会以此去创业。创客空间与众创空间的区别也在于此：创客空间里的创作目的性不强，而众创空间则更多地强调创业的可行性。

创客空间与众创空间的区别可以用一个公式来解释，即众创空间=创客空间+创业孵化器。也就是说，众创空间是为了帮助有好项目的创客走向创业的创客空间。

资料来源：http://www.2400.cn/xinwen/detail_5010.html

（二）校园创客空间

作为一种特殊的创客空间，校园创客空间是近几年才发展起来的，它的价值在于创造了一个培育学生创新思维的环境。

校园创客空间强调以解决实际问题为导向，通过合作探究式学习和任务驱动式学习，逐步培养学生的逻辑思维能力与辩证思维能力，同时注重融入产业知识，让学生了解产品设计、产品制造、市场营销、知识产权保护、技术成果转化等相关知识，形成产业生态价值观，认识创新对于产业发展的重要意义。

校园创客空间可以培养广大学生的创新意识，并为热爱创新与创造的学生提供一个实践的机会和舞台。与此同时，校园创客空间也可以为万众创新培育良好的社会土壤，进而为我国的科技创新发展战略和产业升级打下良好的基础。

知识小卡片

学校建设创客空间的目的

学校创设创客空间的主要目的是为创客普及教育、机器人、3D打印、无人机、激光雕刻、VR/AR互动体验等相关课程的开展提供条件，为学生提供动手造物、参与竞赛、发明创造、展示成果、撰写论文的平台，以更好地培养其创新能力。具体来说，学校建设创客空间的目的可以概括为以下四个方面：

（1）激发兴趣：通过创客教学、科技节展示、创客课程与学科课程整合等方式激发学生的学习兴趣。

（2）传授知识：使学生掌握机器人、3D打印、无人机、激光雕刻、VR/AR互动体验的基本原理。

（3）培养意识：让学生能够做自己想要做的物品，并在开放的任务中培养其创新意识和创客精神。

（4）鼓励竞技：让学生参加全国中小学电脑制作活动、全国青少年机器人大赛、国际机器人奥林匹克竞赛、全国中小学信息技术创新与实践活动、各省市科技创新大赛等赛项。

资料来源：https://www.sohu.com/a/278122446_825155

二、创客空间的组成部分

创客空间一般包括线上信息平台和线下实体空间两个部分。

（一）线上信息平台

线上信息平台是创客信息共享、交流分享、协同社会外部资源的开放创新平台，旨在为学生搭建一座桥梁，为好的创意匹配合适的设计者和制造者，为好的作品匹配合适的生产者和投资者。

线上信息平台包括两个版块，分别针对学生和创新辅导员。针对学生的版块包括创意征集、交流共享、协同设计制造、产品展示等部分。

（1）创意征集部分：学生可以在平台上发布自己的创意，或征集生活中某个问题的解决方案。

（2）交流共享部分：对某一创意或对解决生活中某一问题有共同兴趣的学生一起交流、探讨，在交流中形成一个或多个解决方案。

（3）协同设计制造部分：认同某一个解决方案的学生成立工作小组，并分工协作进行设计、制作。

（4）产品展示部分：各小组展示完成或未完成的产品，共同交流、探讨产品设计制作中的问题与不足，帮助其他小组改进产品，或对产品进行推广。

针对创新辅导员的版块包括创新指导、产品评价、专利版权申请指导、创意产品推广等部分。

（1）创新指导部分：创新辅导员对学生的创意或产品的设计制造进行指导，如教他们市场调查的方法、设计制造的技巧等。

（2）产品评价部分：创新辅导员客观评价各个组的产品，并帮助各小组改进产品。

（3）专利版权申请指导部分：对于有实际价值的作品或产品，创新辅导员应指导学生进行专利或版权申请。

（4）创意产品推广部分：创新辅导员和相关生产者、投资者进行沟通，将优秀的产品推荐给他们，尽力为好的作品找到合适的生产者、投资者和制造商。

（二）线下实体空间

线下实体空间是创客动手创作、交流分享的活动场地。学校在建立线下实体空间时，可根据创客空间的定位及自身的需求定制方案。

一般来说，创客空间的线下实体空间可分为以下几个区域。

1. 讨论区

讨论区主要用于学生互相讨论、交流，有些以小组为单位进行的项目也可以在此开展小型交流会。所以，讨论区一般需要配置小组研究交流所需的桌椅、电脑、投影仪等。

2. 设计区

设计区是供学生进行设计创作的区域，需要配置电脑及电源、网络接口，也可以放置一些关于创客的书籍。根据条件的不同，学校可以将设计区分为个人独立空间和小组合作空间，也可以将设计区和讨论区进行整合。

3. 创造区

创造区是创客空间的核心功能区，学生就是在这里将想法变成现实的。创造区可以按需配置 3D 打印机、激光切割机、数控车床等设备。

4. 材料区

材料区的主要功能是保存创客空间需要的耗材和一些基本工具，如 3D 打印耗材等。为了方便学生取用耗材或工具，可将材料区设在创造区附近。

5. 展示区

为了让更多的人看到创客们的优秀成果，鼓励创客们持续创新创造，就需要一个专门的展示区。展示区一般是一个相对独立的空间，可以使用灯光等提升产品展示的效果，有条件的还可以用触摸展示台等设备来辅助展示产品。

三、创客空间展示

（一）华南师范大学附属中学创客空间

华南师范大学附属中学（以下简称“华师附中”）作为“广东省教育研究院基础教育研究实验基地学校”，对创客教育尤为重视。华师附中的创客空间不只是一个授课的教室，更是一个自主学习及自主创造的体验空间。

华师附中的创客空间有多个功能区域，主要包括教学区、学习讨论区、自主学习区、作品展示区和教具区。

（1）教学区（见图 2-1），可容纳 32 人，用于教师开展针对创客项目的教学活动。课桌均配有可升降隔板，可兼顾双人学习和多人小组探究的需求。根据教师实际授课需要，学生可随时切换学习模式。

（2）学习讨论区（见图 2-2），可容纳 8～10 人，供小组成员相互交流、分享和讨论使用。桌子的拼接处设有两个充电插口，方便学生连接笔记本电脑等设备。

图 2-1　教学区

图 2-2　学习讨论区

（3）自主学习区（见图 2-3），有别于协作型的学习空间，更侧重个人独立空间的打造。学生可自行在这里进行课前预习、课后复习或碎片化学习。

图 2-3　自主学习区

（4）作品展示区（见图 2-4），采用“全网点木制墙面+自由组合式隔板+展示架”的方式进行设计。放置作品时，学生可根据作品的实际尺寸调整隔板的组合形式。

图 2-4　作品展示区

（5）教具区（见图 2-5），通过导视系统及教具主题的颜色分类，配合分层式的收纳架，将配件细致地分类收纳，方便学生快速找到想要的配件。

图 2-5　教具区

（二）铅山县实验小学 3D 创客空间

铅山县实验小学一直注重培养学生的综合素质，在校内成立了 3D 创意社团，于 2018 年被评为“全国青少年三维创意设计示范校”。铅山县实验小学的创客空间（见图 2-6）分为 6 个区，分别是设计区、零件区、工具区、加工区、交流区和展示区。

图 2-6　铅山县实验小学的创客空间

该创客空间内的桌子可随意拼接组合，既适合一人一桌椅的学习模式，也适合五六人的合作讨论模式，还适合十多人的分组 PK 模式。

此外，该创客空间还配备了储物柜、充电柜、零件柜、书柜和展示柜。储物柜及充电柜位于教室出入口处，充电柜可同时供 40 台平板电脑充电；零件柜位于教室的内侧，用于对零件进行收纳、整理；书柜位于教室一侧，用于摆放有关创客的书籍；展示柜位于教室最后端，用于展示学习成果。

（三）南昌市中小学洪芽创客云平台

2014 年以来，南昌市教育局和南昌市现代教育技术中心一直致力于推动创客教育的发展。至今，全市有十几所学校建立了线下的创客空间，其精英选手在全国性的竞赛活动中屡获佳绩。

为了继续保持在创客竞赛中的领先地位，同时让更多的学校和学生受益，扩大创客教育的影响力，南昌市教育局、南昌市现代教育技术中心与上海骧远信息科技有限公司合作打造了南昌市中小学洪芽创客云平台（见图 2-7），并将其作为全市中小学教师和学生开展创客活动的窗口和舞台。

图 2-7　南昌市中小学洪芽创客云平台

南昌市中小学洪芽创客云平台分为“创客资讯”“创客作品”“竞赛活动”“创客课程”“在线创作”和“专题.专栏”六个版块。该平台上投放了一批优质创客课程，如开源电子编程、3D 打印、激光切割等，可供教师和学生免费学习。另外，教学和学生还可以进行在线编程，并实时将自己制作的课程和作品上传到平台上，和大家分享自己的成果。

在不同的技术论坛里，有专业的创客老师为教师和学生解答相关问题，大家可以在论坛上畅所欲言，互相交流学习。对于在创客云平台上活跃（如经常上传优质课程、经常在论坛上热心为其他教师解答问题等）的教师，南昌市教育局将给予一定奖励，包括授予其“骨干教师”称号、将其引入南昌市创客联盟核心教师团队、聘请其担任各项赛事的专业评委、为其提供物质奖励等。

南昌市教育局会定期组织各项创客赛事，并发布在创客云平台上，师生可以在线报名参赛。

（四）创新教育管理云平台 SIM 2.0

SIM 2.0 是为满足学校开展 3D 创客教育而开发的在线创新教育管理云平台。SIM 2.0 能全面满足学校在课程资源管理、班级学生管理、作业作品管理、比赛活动组织等方面的需求。

SIM 2.0 为学校提供了展示创新教学成果的“校云网”、创建共享课程资源的“云资源”及开班授课的“云课堂”。另外，学校还可通过教学资源卡下载“i3DOne 社区”，享受海量教学资源。

（1）校云网包括综合主页、作品展示、校园创客、课堂风采等版块，可以作为学校创客教育成果的宣传之窗、师生 3D 创意作品的线上展厅、创客课堂和创客活动的风采照片展示窗口。

（2）云资源包括专享课程、专享模型、共享云盘等版块，可供学校师生交流、学习。

（3）云课堂中可以设置班级或项目组。创客导师可在云课堂中自建或导入以学期为单位的章节课程，审核、点评学生作品。

SIM 2.0 围绕教学资源、教学实施、互动学习、成果展示进行设计，以免费/共享课程的云资源作为平台养分，通过云课堂建立以班级为单位的学习组织，并通过以学期为单位的章节课程、课后作业、资源关联、学习互动等功能辅助不同班级开课。另外，SIM 2.0 还从课前的课件获取、课中的讲义授课、课后的作业考评等实际教学应用场景入手，为学校搭建了完整的教学辅助系统，打造了完整的互动学习平台；通过校云网为学校建立健全成果展示平台，供学校展示本校开课成果，同时促进更多的学校开课。

案例研讨

深圳柴火创客空间

2011 年，柴火创客空间由深圳矽递科技股份有限公司创始人潘昊创立，寓意“众人拾柴火焰高”。柴火创客空间是深圳首家、中国第二家创客空间，自成立以来，一直致力于推动创客文化的传播和全国“大众创业，万众创新”双创事业的发展，现已成为海内外创客对接深圳产业资源的桥梁。

2017 年，深圳柴火创客空间升级，落户深圳万科云设计公社，致力于搭建一个连接创客创新与传统产业、承载新生产关系的开放科技创新平台。升级后的柴火创客空间面积达 1 000 平方米，内设设备齐全的工作坊、社区活动区、会员固定办公区、会员交流办公区和柴火员工办公区等区域。通过提供实际的物理场地，满足柴火会员交流、协作、制作、办公等需求。

定位“深度服务产业创新升级的国际化双创平台”，柴火创客空间致力聚合国际创新人才，为创客提供自由开放的协作环境，鼓励跨界交流，促进创意的落地以至产品化。同时，立足传统产业的创新需求，搭建创客与产业协作对接的平台，推动全球创客社区的创新解决方案嫁接到本地产业链，推动产业创新升级。

同时，深圳柴火创客空间依托互联网，开展了“社区活动”“需求大厅”“创新咨询”等线上活动，以将其自身打造成为“互联网+开放创新+研发协同+智能制造”的开放创新平台。

资料来源：http://www.chaihuo.org/space/list

研讨问题：深圳柴火创客空间的成立对推动创客教育有什么作用？

创客空间建设
需要有什么样的条件？

陕西师范大学附属小学
创客空间

第二节 熟悉创客课程

任何教育都需要配合体系化的课程才能保证学生的学习循序渐进、渐入佳境。创客教育也不例外，其开展首先需要考虑的就是课程的建设。

一、创客课程体系

幼儿园创客课程主要采取体验式教学模式，即结合角色扮演的授课形式开展创客课程，让幼儿在课堂上自由体验、娱乐、创造、学习，以加深幼儿的知识探究体验，培养幼儿敢想敢做的创客精神和动手实践的兴趣和能力。

小学创客课程主要采取体验式教学与系统教学相结合的模式，课程将结合 STEAM 的教育理念（注重实践、注重动手、注重过程），采取项目式教学，通过图形化编程、创意制作、3D 打印等系统课程让学生进行进阶式学习，深刻剖析各类科技产品的功能和原理，以提升学生的创客思维，挖掘创客小天才。

中学创客课程主要采取系统式教学模式，即积极引导学生拓宽自身各学科的知识面，让其尝试搭建机器人或者实验平台，学习更深层次的图形化编程逻辑、复杂逻辑和算法，解决综合性问题，并通过团队合作的方式不断提升自身的创新能力、实践能力和问题解决能力。

高校创客课程更注重创业项目的孵化，其对应的创客空间相当于创业型的众创空间，旨在孵化优质创客项目，并协助这些项目对接社会上的风险投资机构，让创客项目赢利。

二、创客课程的目标

（一）加强知识文化素养

当代教育经常被人们诟病的一点就是不注重知识的实际应用。创客教育就是要给学生提供一个运用课内知识的机会，进一步加强其知识文化素养。

这一目标的实现要求课程设计者对各个学科的教学大纲有适当的了解，使创客教育充分融合学生在课堂上所学的知识，并为学生提供一定的场景去运用这些知识，进而帮助学生充分掌握和理解这些知识。这样的课程内容也会被学校和家长所认可。

（二）提升技能方法素养

技能方法素养的培养包括技能素养和方法素养两个方面。

技能素养是指使用“数字化工具”（如 3D 打印机、激光雕刻机、数控机床等）进行生产制造的能力。这一能力是创客发挥创造力的基础。

方法素养包括工程思维、设计思维等，这些思维的外在表现形式就是解决问题的方法。例如，设计思维的主要作用就是指导实践过程，使产品快速迭代，以实现产品的功能创新。

需要注意的是，技能方法素养的培养离不开长期的规范训练。道格・约翰逊在《从课堂开始的创客教育》一书中这样说：通过无数个小时的反复练习，小提琴手才能使自己的手肘正确弯曲，将一首老曲子拉出新意境。技能和方法的培养必须通过反复的练习直到形成习惯，变成自然，才能产生应有的效果。

（三）培育精神品质素养

精神品质素养的培育主要包括以下几个方面。

（1）坚韧。坚韧是指个体面对困难时不屈不挠、意志坚定、勇往直前的精神品质。研究表明，坚韧指数与成功的关联性要远远高于智商指数。

（2）同理心。同理心是指个体设身处地站在他人的角度和立场考虑问题的共情能力。设计思维首要的要求就是站在用户的角度思考问题，理解他人的需要和观点。

（3）抗打击能力。抗打击能力是指个体在面对外界的质疑、非议甚至诋毁时的心理承受能力。

（4）创造力。创造力是指产生新思想，发现和创造新事物的能力。它是成功地完成某种创造性活动所必需的品质。

创客课程的开展需要学生持续参加多项任务或多个项目，这个过程既是实现创新的必要条件，也是培育学生坚韧、同理心、抗打击能力和创造力的过程。教育者应善于通过必要的途径（如交流分享会、成果展示推介会等），让学生体会创新带来的成就感和价值感，鼓励、激励他们不断创新。

三、创客课程的类型

（一）常规创客课程

常规创客课程的开展可划分为基础知识讲授、基本技能训练和项目式教学三个阶段。基础知识包括知识背景、项目实践基础知识等内容。基本技能训练包括实验仪器的操作练习、优秀案例的模拟演练等。项目式教学以学生为中心，强调学生对真实世界的复杂问题进行探究并提出创造性解决方案。

在项目式教学开展的过程中，学生通过做一个项目来达到学习目的，教师的主要工作则是指导、监控项目的开展。和传统式学习方法相比，创新学习项目能有效提高学生实际思考和解决问题的能力。

此外，教师在实际开展常规创客课程教学时，应合理利用线上信息平台和线下实体空间，将线上平台与线下空间相结合。例如，在线上信息平台发布作业、进行知识测验、共享资源等，在线下实体空间进行知识讲授、组织学生协作交流、进行现场指导等。

（二）体验型创客课程

体验型创客课程是指在常规创客课程的基础上，组织学生参观线下创客空间、体验创客产品的一类创客课程。它可以启发学生设计、开发更加贴近现实生活的作品。

在开展体验型创客课程前，教师应指导学生访问对应创客空间的线上信息平台，做好准备工作。在参观过程中，教师应鼓励学生就自己感兴趣的内容与创客们现场交流。

实践证明，体验型创客课程能更好地激发学生的兴趣与创新意识，进而推动学生所在学校创客教育的开展。

（三）竞赛型创客课程

竞赛型创客课程是指利用竞赛形式开展的一类创客课程。技能竞赛是加强学生技能及知识掌握的重要途径。当前，创客教育中的技能竞赛包括既定型竞赛和开放型竞赛两种。

既定型竞赛由教师确定竞赛项目，各小组围绕给定的项目（如“温控风扇的设计与实现”）进行模拟与实践。开放型竞赛由教师给定竞赛范围，各小组自主选定竞赛内容进行设计与实现。例如，教师发布竞赛范围——“机器人设计”，各小组依据自身优势及兴趣选择不同类型及功能的机器人进行设计与开发。

在开展竞赛型创客课程时，教师以指导者的身份发布实践项目、指导项目实践等，学生则以小组的形式进行项目分析、项目设计、资源收集、加工制作、成品展示等。

实践证明，竞赛型创客课程不仅能激发学生的学习动机，还能培养学生的设计与规划能力及创新思维能力。

案例研讨

武汉市构建普惠性创客教育生态

“玫瑰精灵，来唱一段。”在武汉市中小学创客教育直通车（第八站）暨人工智能教育发展论坛的外场游学展上，随着玫瑰园小学创客机器人社团成员杨涌的一声令下，戏剧机器人便在展示桌上表演起了楚剧。

据武汉市青少年创客教育联盟理事长张岩介绍，近年来，武汉市一直在着力构建普惠性创客教育生态，并从整合学科课程及活动资源、融合校内校外和线上线下空间、共享创客教育资源等方面入手，再造融合式创客教育课程体系，为全市学生提供了一个良好的创客研讨学习空间。

“太阳能小船功能大，水体增氧水净化，小小水上清洁车，水草浮萍全听话。”武汉市晴川初级中学学生胡清兴展示了他们做的护湖科技产品。这是创客教育融合环境教育课程所形成的水科技课程的研究成果之一，该成果获得了全国科技创新一等奖。在武汉市晴川初级中学的牵头下，全市已有 15 所中小学加入水科技课程联盟。

武汉市各中小学通过深度融合科学、数学、美术等学科知识，打造 STEAM 创客课程，同时，通过一校一特色、一校一项目、一校一空间、一校一场馆、一校一创客的“五个一”校本工程，促进各校学科融合、学段融合及校本特色融合。

目前，汉阳区有 44 所中小学，其中 31 所建有创客空间。他们利用古琴台、汉阳造、桥梁博物馆、高龙博物馆等科普教育基地，融合各校创客基地，建设形成了满足全区所有学校需求的“学校+基地”型创客空间，并免费向学生开放。汉阳区打造的网上“科技学苑”慕课平台已实现全区课程资源共享。

此外，武汉市还融合各方力量，通过成立创客教育研究室、选拔优秀创客导师、打造地区特色课程、组建创客导师网络活动社区，破解了创客师资不足和知识面狭窄的难题，有效提升了创客教育质量。在武汉市创客教育的发展过程中，学生提出问题、自主创新、动手制作等综合能力大大提高。

据武汉市教育科学研究院党委书记介绍，下一步，武汉市将加大各区、校人工智能教室和学习体验中心的建设力度，加强对创客导师和部分学科骨干教师的培训，遴选一批人工智能实验校，建立以政府为主导、学校为主阵地、社会为主支架的多方协同发展的运行机制，促进创客教育资源加快整合，实现创客教育内涵式发展。

资料来源：http://www.jyb.cn/rmtzgjyb/201912/t20191218_282262.html

研讨问题：关于创客教育的开展，你能从上述案例中得到什么启发？

第三节　设计创客课程

一、创客课程的构成要素

结合创客教育的实际情况可知，知识内容、活动项目、教师团队、研创环境、网络资源、展示平台及课程评价是创客课程不可或缺的关键要素。

（一）知识内容

内容是课程的核心，不管是知识型课程还是活动型课程，都要承载一定的知识内容，区别仅在于知识的表现形式有所不同。课程设计者需要在分析相关课程大纲的基础上，精心、合理选编各学科的知识，以构建较为系统的创客课程知识体系。

此外，创客课程的内容设计不能脱离课程大纲，但需要以一种新的形式交叉重组大纲规定范围内的知识。

（二）活动项目

创客课程的组织与实施以“项目”为基本单元，要求课程设计者首先围绕课程内容，将枯燥的学习材料转变为有趣、贴近学生生活且有意义的项目，之后再在每个项目下设计一系列活动，以有序引导、支持学生开展浸入式学习。

需要注意的是，项目设计的出发点不是“知识”而是“问题”，活动的过程就是解决问题和学习的过程，体现的是“做中学、学中做”的思想。

（三）教师团队

考虑到教学实际，创客课程教师团队的组成通常采用“1 名主持教师+几名核心教师+多名外围教师”的团队模式。主持教师负责统筹和管理团队；核心教师负责课程的设计、组织和实施，并承担教练和项目导师的角色，全程为学生提供必要的支持和及时的指导；外围教师主要承担辅助工作，可视项目开展情况灵活参与。

（四）研创环境

创客课程具有一定的研创性，其开展需要研创环境（如各种创客空间、探究实验室、互动型教室等）的支撑，以供学生开展研究和创造活动。

研创环境的设计需要遵循人机工程学的基本原则，给学生提供舒适、自由、开放的创作空间；要能够方便地接入互联网，支持学生在线检索资料、连接社群、交流研讨、展示分享等；要提供必备的硬件、软件、材料等资源，支持学生通过动手操作将创意变成现实。

（五）网络资源

立体化的网络资源可以为学生的学习、研究、创造等提供重要支撑，有效促进创客课程的开展。因此，所提供的网络资源应尽可能丰富多样，以满足学生的不同需求。

一般来说，创客课程的网络资源包括教材、教/学案、使用指南、微视频、操作软件、优秀课程作品等。此外，学校还应鼓励学生在项目实践过程中自主生成个性化的创客课程资源，久而久之，将形成持续扩展进化的创客课程资源库。

需要注意的是，对于为低年级学生开设的创客课程，应明确规定网络资源的使用时机和方式。

（六）展示平台

创客教育非常注重成果的展示及相关经验的分享与交流。成果展示平台可以是创客社区，也可以是小型的创客嘉年华，还可以是课堂上的作品展示活动。

通过展示平台，一方面可以让学生获得自我成就感和价值感，从而激发其再创造的热情；另一方面还可以让学生获得来自他人的反馈与建议，为其不断优化作品甚至实现作品的产业化提供帮助。

（七）课程评价

不同于传统课程的纸笔测验，创客课程更加注重学习产出的物化成果，倡导结果与过程相结合、老师与学生协同参与的评价模式。

一方面，课程评价需要制订完备的、易操作的评价指标，用于对学生的创意作品进行量评；另一方面，要注重学生学习过程中数据的采集和阶段性成果的收集，以客观评价学生的课程参与情况及进步情况。此外，考虑到不同学生的知识基础和兴趣偏好，创客课程不适合采用标准化评价，而应多采用多维度评价。

二、创客课程教学目标设计

创客教育的目标是培养学生的创客素养，让他们成为能够享受创客文化的人，其核心是创意设计、用心实践和快乐分享。

华东师范大学祝教授等认为，创客素养是创造性地运用各种技术和非技术手段，通过团队协作发现问题、解构问题、寻找解决方案，并经过不断的实验形成创造性作品的能力。创客素养的内涵与我国学生发展核心素养有着紧密的联系，是核心素养在创客教育中的具体体现。创客教育强调学生在生活中要善于发现问题，提出创想，并通过动手实践将其转化为产品。可以说，创客素养集中体现在实践创新、科学精神、学会学习三个方面，具体表现为解决问题、协作和创新三种能力。

设计创客课程教学目标时，要从培养这三种能力入手，依据创客课程跨学科、综合性的特点，分别列出在科学、技术、工程、艺术、数学等领域方面的具体要求。必要时可以为不同水平和能力的学生或小组制订不同的教学目标。

创客课程的目标框架（见图 2-8）包括基础目标和核心目标两个层次。

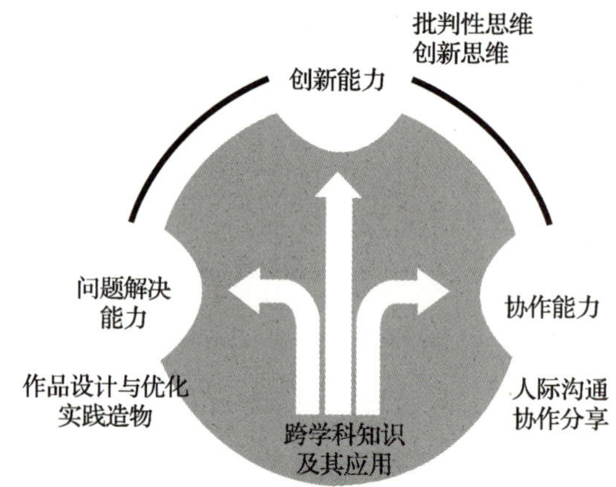

图 2-8 创客课程的目标框架

（1）创客课程的基础目标是让学生掌握一定的跨学科知识并对其进行应用。创客课程的跨学科知识来源主要有两个：一是与问题或项目相关的学科知识，如物理、数学、工艺设计、科学等学科知识；二是与数字化设计制造相关的基础知识，如 3D 打印、程序设计等知识。创客课程就是将这些知识融入具体的问题情境和项目探究中，让学生通过解决具体问题、制作作品来完成跨学科知识的应用。

（2）创客课程的核心目标是培养学生在解决问题和制作作品过程中所需要的关键能力，主要包括问题解决能力、协作能力和创新能力三个方面：① 问题解决能力是指学生在创意实现过程中需要具备的作品设计与优化能力、实践造物能力等；② 协作能力是指学生利用网络社区及实践场所与他人沟通、协作、分享的能力；③ 创新能力主要包括创新意识、创新思维、创新行动等。

该框架是一个整体的课程目标体系，其各个组成部分相互联系、相互影响：跨学科知识及其应用是基石，为学生核心能力的发展提供了基础；问题解决能力、协作能力和创新能力是高级目标的具体表现，且问题解决能力和协作能力是两翼，共同支持学生创新能力的发展。

三、创客课程教学内容设计

创客课程具有一定的系统性，一般是一系列活动的整合。

在设计课程教学内容前，课程设计者需要深入分析学生的特点，详细了解学生的学习基础和学习进程，以设计出科学且有针对性的课程体系，进而推动学生的个性化发展。需要注意的是，教师在教学过程中有必要经常分析学习对象，并结合学生的实际学习状态随时调整教学目标和教学方案。

在设计课程教学内容时，课程设计者可以用表格、图形、流程图等多种方式展示课程设计的内容和思路，以帮助教师和学生了解课程的整体框架，同时辅助教师组织开展个性化教学。

教学内容设计是课程设计的核心。学校的传统课程内容主要以学科为中心、以分科课程呈现，而创客课程超越了单一学科的知识界限，在内容和形式上表现出多元化特征，其组织结构主要以整合方式呈现。那么，学校和教师应该如何选择并确定合适的创客课程内容呢？

首先，一个好的创客课程内容或项目需要满足以下要求。

（1）内容有意义，与学生的兴趣、经验、能力相适应，能吸引学生参与项目并在其中付出努力、发挥创造性。

（2）能为学生提供充足的课内时间和课外时间，用于计划、完善、执行项目等。

（3）项目要融合多学科知识且有一定的复杂性，让学生有机会运用自身积累的知识和经验。

（4）能为学生提供高强度的训练内容。

（5）能为学生创建一个协作、互动的学习环境（这种环境通常是实体的创客空间和虚拟的网络社区的结合），让学生在项目实施中能与外界保持良好的协作与交流。

（6）能为学生提供各种资源和工具。

（7）要求学生创造出可供展示的作品，以激发他们的学习动机。

（8）每个项目都应是一个创新的过程，而不是简单重复他人的操作步骤。

其次，创客课程内容的选择应基于对学生、社会及学科的研究。在设计创客课程内容时可以参考以下途径。

（1）基于真实生活情境选取内容，让学生在解决实际问题、优化日常用品的过程中进行创客学习。

（2）基于其他学科课程（特别是应用性较强的理工、设计、技术类课程）的综合实践性问题选择和设计内容。在目前的学校环境下，中小学对创客课程实践的支持有限，结合传统分科课程合理设置创客课程内容无疑是开展创客教育最为实际且有效的途径。

（3）基于课程专家及创客教育领域研究者的建议设计内容。

需要注意的是，无论采取哪种途径，创客课程的内容设计都必须立足于各校的实际情况，避免盲目追求“高大上”的创客课程体系。同时，内容设计也要符合学生的认知及心理发展规律，切不可过度拔高，给学生带来认知负担。

课堂互动

以一门学科为例，说一说其与创客课程结合时的侧重点是什么？

四、创客课程教学模式简介

创客课程的学习不同于一般的学校课程，它主要关注学生从创意提出到实现的一系列过程。根据一些专家的研究，创客学习过程可以分为四个阶段：开始阶段、项目探索阶段、原型设计与实现阶段、整合反馈阶段。

适合创客课程的学习方法主要有项目式学习（project based learning, PBL）和设计型学习（design based learning, DBL）两种。课程设计者们融合项目式学习和设计型学习的理念及模式，对创客课程学习的基本过程进行细化和设计，在实践基础上总结出了创客课程的教学模式，如图 2-9 所示。

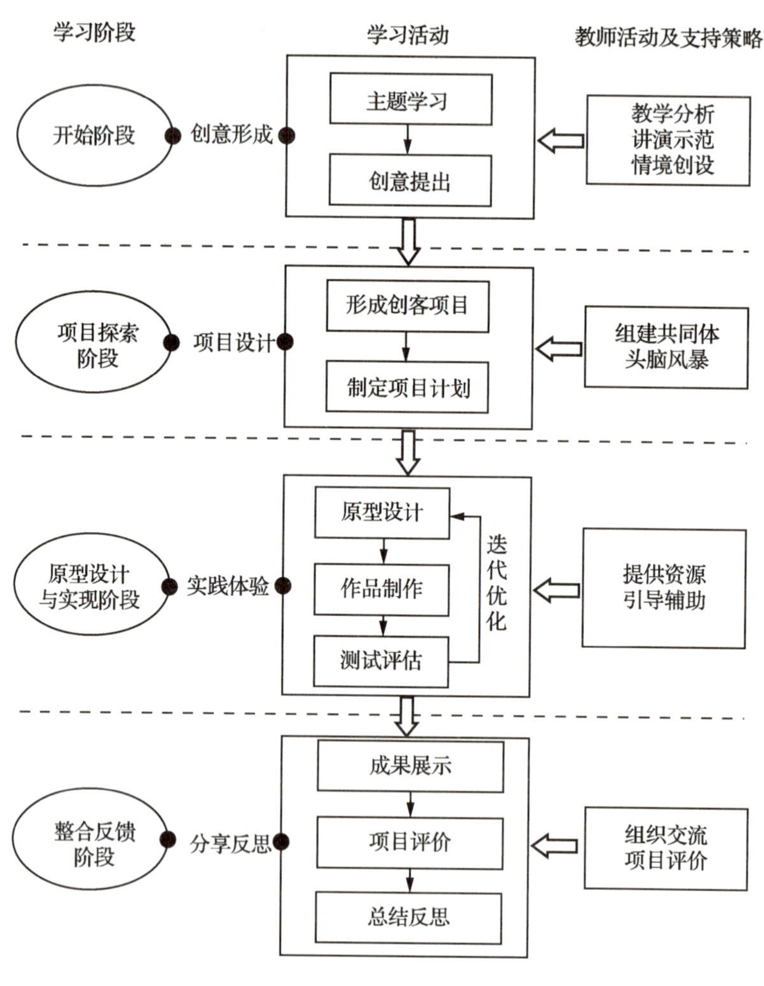

图 2-9　创客课程的教学模式

该教学模式强调以学习者为中心，活动流程以创客学习的四个基本阶段为原型，每个阶段辅以教师活动及支持策略，分别体现创客教育的“创新、设计、实践、分享”等核心特征。

（一）开始阶段

开始阶段是学生进入创客课题（即创客学习单元）的阶段，这一阶段的主要活动是主题学习和创意提出。

课程层面的创客学习不同于创客比赛或社团活动，它有较明确的主题，需要学习者具备一定的知识和技能，因此，学习者在开始阶段需要先进行主题学习。

教师在开始阶段的主要任务是根据课程目标、学生的特征及知识水平、课程资源等情况选择和确定创客课题，分析与制订创客课程的学习目标，为学生布置开放式的任务，提供可用的资源，创设基于问题的学习情境，并为学生示范、讲解。学生则围绕创客课题发散思维，进行创意构思，开启创客课程学习。

（二）项目探索阶段

学生在开始阶段会萌发很多创意，也会面临很多挑战。此时，教师需要帮助学生聚焦问题，将创意、挑战转变为具体、清晰的创客项目。换言之，教师要在该阶段辅助学生完成项目的设计，即形成创客项目并制订项目计划。

创客项目是创客学习的载体，一个好的创客项目决定了创客学习的质量。在设计创客项目时，应遵循精简、短小的原则，便于学生在短时间内完成；一些较为复杂的项目则可以作为综合实践活动放在课外或开放日开展。

创客项目的形成有赖于群体智慧。教师可以根据学生的兴趣、创意、能力、个性特征等组建创客小组，在组内运用头脑风暴法激发群体智慧，提出创新设想，形成创客项目。创客项目形成之后，创客小组需要在教师的指导下对项目进行精细化设计，明确项目任务并据此制订项目计划，如项目的时间安排、阶段任务、预期成果的形式及要求等。

（三）原型设计与实现阶段

原型设计与实现阶段是一个包含原型设计、作品制作、测试评估等环节的迭代过程，是创客学习的核心。学生在虚实融合的创客教育环境的支持下，利用数字化建模工具、开放的软硬件资源及 3D 打印技术等进行实践探索，完成创客项目。教师需要为学生提供资源、工具、相关案例、可借鉴的模板及协作支持等，帮助学生管理项目进程，解决项目实践中的问题。

该阶段是学生以制作作品为导向的动手实践环节，虽然在形式上与传统的实践类课程和技术类课程相似，但两者的理念与实施方式截然不同。传统的实践类课程和技术类课程采用的是线性的学习方式，是从知识掌握到知识应用的验证过程，而此处的学习起点是创意项目，而不是既定知识，并且强调在学习过程中遵循“设计—创作—评估”的迭代思维完成项目作品。

（四）整合反馈阶段

整合反馈阶段是促进学生深度思考、广纳谏言、批判反思的过程，主要包括成果展示、项目评价、总结反思等环节。

（1）在成果展示环节，教师组织各小组进行项目的汇报展示。在该过程中，学生可获得他人关于自己作品的反馈，为进一步完善作品做好准备。

（2）在项目评价环节，教师需要在评价规则的基础上，综合自主评价、同伴互评等评价方式对学生作品的创意及其形成过程进行综合评价。

（3）在总结反思环节，学生需要结合自己的创作实践总结他人的反馈及评价，以及在创客学习过程中所产生的问题及建构的知识，同时反思自己在创意提出、实践造物及合作学习中的表现，以进一步提升自己的创客素养。

五、创客课程学习评价设计

学习评价设计是课程设计的一个重要环节，其目的是检验学习者学习效果是否达到课程目标、达成效果如何，进而为教师改进课程提供依据。

由于创客课程的特殊性，传统课程中以检测学生知识掌握情况为导向的评价体系不再适用于创客课程。依据创客课程的目标，其学习评价应基于以多元能力发展为中心的多元化评价体系。该评价体系应表现为多维度的评价内容、多元化的评价主体，以及多样化的评价方法与工具。

（一）多维度的评价内容

从创客课程的目标及创客学习的过程来看，其评价内容至少包含以下三个方面。

一是创新能力，这是创客课程学习评价的核心所在，可通过学生提出问题的创意及创客作品的创新点等来考量。

二是协作能力，即着重考查学生在创客项目组内与他人进行人际沟通、协作解决问题、分享交流时的表现及能力。

三是问题解决能力，即着重考查学生在创客学习过程中运用相关知识解决真实问题的能力，可从学生的作品设计与优化能力，以及将方案转化为有形物品的造物能力等方面来考量。

（二）多元化的评价主体

创客课程的评价主体不仅包括课程教师，还包括学生自己及其同伴等。不同主体评价的侧重点不同：教师评价侧重于从整体上评判学生的学习状态及创客素养；学生自我评价侧重于学习过程中的自我反思与调整，这一过程是学生创造力提升、批判性思维发展及学习主体性实现的重要途径；同伴评价的重点则在于评估学生在小组协作中的表现及其作品的优劣，让学生在互评中进一步总结、反思，发现他人作品的优点，学习并吸收他人的良好品质。

（三）多样化的评价方法与工具

由于创客课程目标的多元性及创客学习活动的复杂性，创客课程不适合采用标准测试这一传统方法进行评价，而应采用过程性评价和总结性评价相结合的方法。

此外，在评价时，应根据课程主题及课程实施的实际情况选择和开发相应的评价工具，如协作能力评价量表、问题解决能力评价量表、创客作品评价量表等。

案例研讨

中小学创客课程教学案例设计与实施
——以“智能轨道小车制作”为例

选定项目

2019 年 7 月，铅山县第二届中小学创客夏令营活动在武夷山中学正式开营。本届夏令营活动主题为“科技一夏　编码未来”，由铅山县教育体育局联合华东师范大学和南昌师范学院共同主办，旨在进一步推动铅山县人工智能与编程教育的普及，加强青少年科技教育，选拔和培养品学兼优的青少年科技后备人才，注重学生多元化的发展。夏令营吸引了来自上海市、南昌市、赣州市和上饶市 140 余名中小学生报名参加。活动主办方精心挑选和设计了丰富多彩的课程内容，其中智能轨道小车项目是学生创客实践的主要项目。

智能轨道小车是一辆能够在白纸上沿着2～3厘米宽的弯弯曲曲的黑色路线行驶的小车。它的动力是电动机，由电子和机械两大部分组成，是电子技术、智能技术、颜色识别技术、自动控制、机械设计与制造多个领域的交叉综合体现，具有重要的教学应用价值。

通过该项目的学习，能够让学生运用所学知识亲手制作出智能轨道小车，并通过对它进行创新设计，亲自体验创客学习的一般过程，从而激发学生的创新欲望，培养学生的创新热情。

制订计划

智能轨道小车由电子和机械两大部分组成。要想学会制作智能轨道小车，学生应首先了解智能轨道小车的结构组成，理解相关的电路原理，掌握焊接技术、拼装技术和编程技术等，并在此基础上设计出制作流程。另外，要使制成的智能轨道小车正常工作，还需要系统地分析其各部分之间的关系，从而找出调试、控制智能轨道小车的方法。表2-1为教师制订的智能轨道小车探究计划。

表2-1　智能轨道小车探究计划

学习任务	制作智能轨道小车并能对它进行测试
学习目标	分析智能轨道小车的结构组成，设计出高效的制作流程，分析智能轨道小车各子系统的关系。 探究调试、控制智能轨道小车的方法。 通过智能轨道小车的制作体验创造的乐趣
活动方法	观察法、文献查阅法、实验探究法、比较法
活动步骤	查阅说明书，了解智能轨道小车的结构组成和工作原理—学习焊接技术—设计智能轨道小车的制作流程—通过实验探究最佳制作、调试方法—成果交流和经验分享—评价
小组分工及活动时间	整个项目时间：约1个学期。 创客实践地点：创客实验室。 将创客成员分为两大组，分别探究制作智能轨道小车的流程和调试智能轨道小车的方法
作品制作	完成智能轨道小车制作并掌握调试方法
成果交流	课上开展交流分享会，课下参加相关智能轨道小车项目竞赛

活动探究

学生以两人为一组，开展小组协作探究性学习。

通过观察、讨论、分析探究出智能轨道小车的结构组成，其各子系统之间的关系及其工作原理。通过反复实验对比，探究出智能轨道小车的高效制作流程和调试方法。

在制作智能轨道小车的过程中，如遇到一些问题，如小车显示灯亮但两个车轮不动、小车没有按路径行驶等，学生可通过探究的方式解决。同时，为了加快制作速度，学生应提前背熟电路图，并加强自身的焊接技术。

作品制作

两组学生通过多次实验分别探究出了省时、高效的智能轨道小车制作流程和调试方法。图 2-10 所示为学生探究出的智能轨道小车制作流程图。

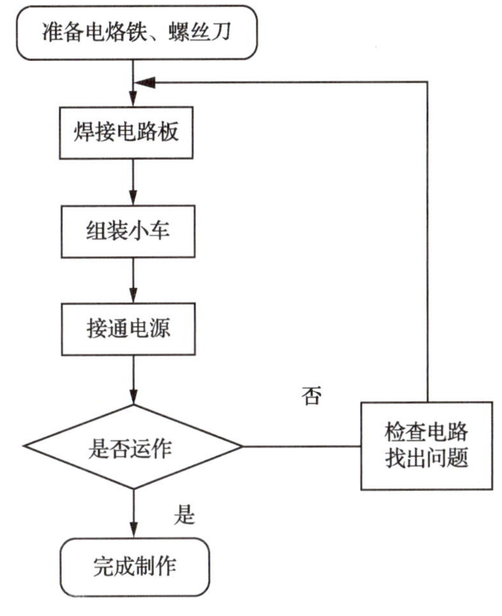

图 2-10 智能轨道小车制作流程图

在调试过程中，学生需要学习使用光电传感器寻迹控制电机运转的知识，并对智能轨道小车的工作原理进行分析和研究，从而总结出智能轨道小车寻迹控制的原理，如图 2-11 所示。

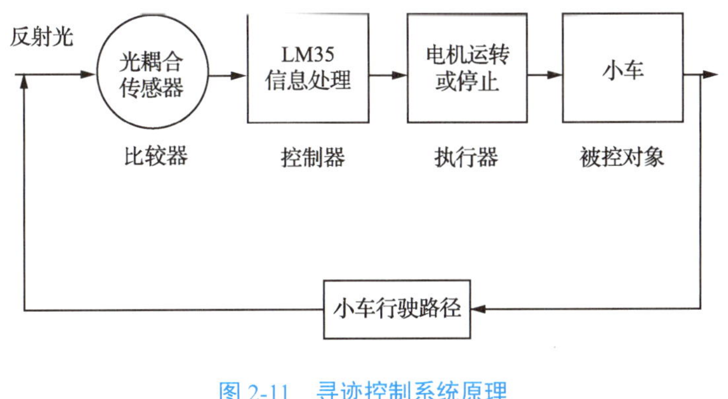

图 2-11 寻迹控制系统原理

根据这个原理，学生应总结出小车调试的方法，具体如下：

（1）用黑白调试卡试验两个光敏传感器的灵敏度。按顺时针将电位器调至 500 K 档，提高光敏传感器的灵敏度，使两个车轮能够“见白转，见黑停”。

（2）调节尾轮。如果想让小车行驶慢一点，可将尾轮调紧一点；如果想让小车行驶快一点，可将尾轮调松一点。

（3）调节控制电机的电位器，以控制两车轮的速度。

（4）调试结束后，放在跑道上反复进行试验，以调试出最佳状态。

成果交流

各小组完成探究实践活动后，在创客实验室现场制作和调试智能轨道小车，展示制作方法，并进行经验分享和成果展示。在校园内举办智能轨道小车的制作赛和行驶赛，通过竞赛活动提高学生的实践技能。竞赛活动得到学校领导、教师和学生的认可和支持，学生在成果展示和交流的过程中获得了成功的喜悦。

活动评价

智能轨道小车项目学习评价方案采用过程评价和综合评价相结合的方法。其中，过程性评价占总成绩的 60%，综合性评价占总成绩的 40%，强调学生的过程投入，注重学生探究能力、问题解决能力、合作能力和动手能力的培养，不以考试成绩高低作为评价的唯一标准。总评价表如表 2-2 所示。

表 2-2　学习评价表

班级		姓名		所在小组	
指导老师		时间			
成绩组成部分		A	B	C	D
过程性评价	项目选择（20 分）				
	方案设计（20 分）				
	研究过程（20 分）				
总结性评价	制作成绩（20 分）				
	行驶成绩（20 分）				
总成绩					
A=20 分，B=16 分，C=12 分，D=8 分					

研讨问题：请对“智能轨道小车制作”的教学设计与实施给予评价，并请简要谈谈你从中获得的启发与思考。

机器人走进课堂
创客课堂深受学生喜爱

课后思考

目前，我国的创客教育主要在经济发展较好的地区开展，创客们在这些地区有条件和机会接触到各种新技术，参加各种机器人竞赛等活动，但在一些经济落后的地区，连开展创客教育的基本条件都无法达到。自然而然地，人们就会产生这样的疑问：创客教育是否仅仅适合精英教育？创客教育是否会加剧教育不公平、拉大数字教育鸿沟？

对此，你有什么看法？

第三章　各类创客赛事准备

学习目标

知识目标： 了解国内国际影响力较大的创客赛事，了解参加创客赛事的意义；知道如何选择创客赛事；熟悉主要创客赛事的流程。

技能目标： 能合理选择创客赛事；能为参加创客赛事的学生提供有效指导。

素养目标： 能正确看待创客赛事与传统教育，意识到两者并不是对立关系。

主要内容

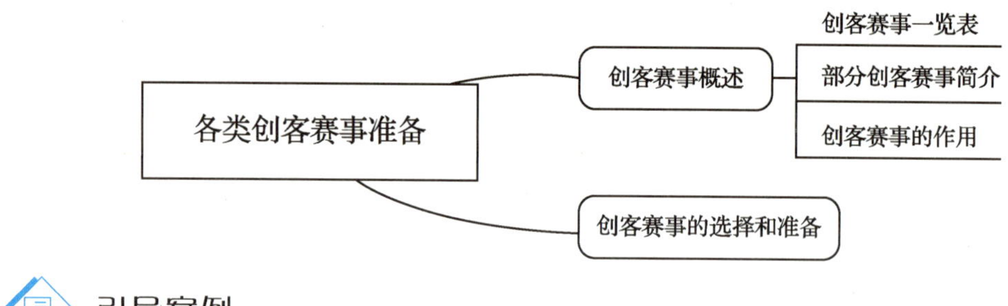

引导案例

创客赛事与传统教育的较量

“妈，我想参加创客比赛。”中午吃饭的时候，张明鼓起勇气说。

“怎么突然想去参加创客比赛了？”妈妈问。

“早上吴老师跟我说，学校里准备挑选几个学生去参加全省的创客比赛，如果胜出还能代表本省去参加全国比赛。吴老师问我要不要去。”张明小心地说。

“不行！”妈妈斩钉截铁地说。

“我就知道你不同意。”张明不满地嘟囔。

“明明，不是妈妈不讲道理。但你现在已经上高二了，课程内容越来越难，作业也越来越多，周末还要参加作文辅导班，时间本来就很紧张，如果再参加创客比赛，肯定还要抽出时间去训练，这样你用在学习上的时间就少了，肯定会影响成绩。成绩落后就很难补回来了，况且高考又不考创客。”妈妈语重心长地说。

“妈，我保证不会影响成绩，而且吴老师说，创客比赛的奖项已被很多大学的自主招生政策所认可。如果在比赛中获得一等奖，就有可能会被大学破格录取。”

“还是不行。比赛肯定竞争激烈，万一没获得一等奖，你耽误的时间怎么补回来？高考还是得看文化课分数，你就安心努力地学习，不要异想天开去参加什么创客比赛了。”

“可是就算我再努力，也不能保证就一定能考上名牌大学啊。”

“是啊，所以你一刻也不能松懈，就别浪费时间去参加什么创客比赛了。”

案例中创客赛事与传统教育的冲突并不鲜见，教师应该发挥积极作用，帮助学生选择适合的创客赛事，并提供有效的帮助，以发挥创客赛事对学生成长和升学的促进作用。

第一节　创客赛事概述

一、创客赛事一览表

国内国际知名创客赛事如表 3-1 所示。

表 3-1　国内国际知名创客赛事

区域	序号	名称
国内	1	全国青少年科技创新大赛
	2	“明天小小科学家”奖励活动
	3	全国中小学电脑制作活动
	4	中国青少年机器人竞赛
	5	全国青少年信息学奥林匹克竞赛
	6	宋庆龄少年儿童发明奖
	7	全国青少年创意编程与智能设计大赛

（续表）

区域	序号	名称
国内	8	“童创未来”全国青少年人工智能创新挑战赛
	9	全国青少年电子信息智能创新大赛
	10	全国中小学信息技术创新与实践活动
	11	全国中小学生创・造大赛
	12	青少年科学调查体验竞赛
	13	全国青年科普创新实验暨作品大赛
	14	世界机器人大赛
	15	中国教育机器人大赛
	16	“少年科学家”青少年机器人创新体验活动
	17	MakeX 机器人挑战赛
	18	蓝桥杯全国软件和信息技术专业人才大赛
	19	RoboCom（睿抗）青少年挑战赛
国际	1	英特尔国际科学与工程大奖赛
	2	谷歌科学挑战赛
	3	FIRST 机器人大赛
	4	“少年创客”（YouthMaker）科学挑战赛
	5	丘成桐中学科学奖

二、部分创客赛事简介

（一）国内创客赛事

1. 全国青少年科技创新大赛

全国青少年科技创新大赛（以下简称“创新大赛”），是一项面向全国中小学生和科技辅导员开展的综合性科技创新成果展示与交流活动。创新大赛分为国家级竞赛和地方竞赛，每年举办一次，作品可以是科技创新作品、科技发明、程序设计、科学调查等，内容涉及物理、化学、生物、计算机、医学、农学、生物学和工学等学科领域。创新大赛不仅是国内青少年科技爱好者的一项重要赛事，而且已与国际上许多青少年科技竞赛活动建立了联系，每年都从大赛中选拔出优秀科学研究项目参加英特尔国际科学与工程大奖赛、欧盟青少年科学家竞赛等国际青少年科技竞赛活动。

主办单位：中国科学技术协会、教育部、科学技术部、生态环境部、体育总局、知识产权局、自然科学基金会、共青团中央、全国妇联。

大赛赛项：青少年科技创新成果竞赛、科技辅导员科技教育创新成果竞赛、青少年科技实践活动比赛和少年儿童科学幻想绘画比赛。

大赛赛程：无特殊情况，每年的 4 月前为省级赛事组织阶段，省级组织机构参照大赛章程和规则组织省级大赛，并按分配名额在规定时间内推荐优秀项目参加全国大赛；3—7 月为全国赛事组织阶段，全国大赛组委会组织项目申报、资格审查、初评和终评活动；8 月至年底为总结阶段，公示获奖名单、印发获奖通知、颁发证书和总结研讨等。

申报要求：凡在竞赛申报时为国内在校的中小学生，有独立或参与完成的科技创新项目，可以参加基层赛事，经选拔获得参加全国比赛的资格（高三不能参加决赛）；中小学科学教师、科技辅导员，各级教育研究机构、校外科技教育机构和活动场所的科技教育工作者，有独立完成的科教制作或科教方案成果，可以参加基层赛事，经选拔获得参加全国比赛的资格。

项目说明：科教制作类项目是由科技辅导员本人设计或改进的为科技教育教学服务的教具、仪器、设备等。其按学科可分为物理教学类、化学教学类、生物教学类、数学教学类、信息技术教学类和其他。

科教方案类项目是由科技辅导员本人设计撰写的科技教育活动或教学的预设方案。

所有申报项目必须是从当年 7 月 1 日往前推不超过两年时间内完成的。科教方案类项目须是已经开始实施或实施完成的。

申报材料：青少年科技创新成果竞赛需提交申报书、查新报告（研究开始前和申报参赛前至少提交 1 份真实、规范的查新报告）和项目研究报告及附件（项目研究报告应不少于 2 000 字、不超过 1 万字，附件可为图片、研究日志、实验记录及视频等），项目如涉及医疗保健用品、动植物新品种及国家保护的动植物，还需提供相关证明材料。

青少年科技实践活动比赛需提交申报书、活动报告（由活动组织者或主要参与者撰写，内容包括活动选题、设计、准备、实施、成果、总结反思或建议等，不超过 1 万字）及附件（相关图片、学生活动成果或体会、活动成效的评估报告或新闻报道等，大小不超过 5 MB）。

少年儿童科学幻想绘画比赛需提交申报书、绘画作品（全国比赛只接收作品的电子副本，文件格式为 JPEG 格式，分辨率为 300 dpi）。

科技辅导员科技教育创新成果竞赛需提交申报书、项目报告。科教制作类的项目报告须包含项目的教学用途与应用场景、项目的科学原理和应用方法、项目的改进点或创新点、项目的其他介绍等文字介绍，并附实物照片或设计图等；科教方案类的项目报告须包含方案的背景与目标、方案所涉及的对象和人数、方案的主体部分、活动已开始实施或实施完成的证明材料，方案的主体部分包括活动内容、过程和步骤，重难点、创新点，利用的各类科技教育资源，活动中可能出现的问题及解决预案，预期效果与呈现方式，效果的评价标准与方式。

奖项设置：主办单位和组委会设立的大赛奖项（一、二、三等奖，占比分别为15%、35%和50%）；社会相关机构设立的专项奖。

2. “明天小小科学家”奖励活动

“明天小小科学家”奖励活动是一项面向高中生开展的科技创新后备人才选拔和培养活动，旨在发现具有科研潜质的优秀学生，鼓励他们选择学习科学技术专业，未来投身科学研究事业。活动接受品学兼优且拥有个人科学研究成果的高中生自由申报，通过对学生创新意识和科研能力等综合素质的考察，遴选出130名学生给予不同等级的表彰和奖学金资助，并授予其中3名学生“明天小小科学家”称号。

主办单位：中国科学技术协会、中国科学院、中国工程院、国家自然科学基金委员会和周凯旋基金会。

竞赛学科：数学、计算机科学与技术、物理学、地球与空间科学、工程学、动物学、植物学、微生物学、生物医学、生物化学、化学、环境科学。

申报要求：申报者为普通高中在读学生，个人（包括在他人指导下）取得了科学技术研究成果，且未在往届“明天小小科学家”奖励活动中获奖。

申报方式：申报者于规定时间内登录活动官方网站注册获取报名号，并在线填写、提交申报材料。

申报材料：所需的申报材料包括申报表、项目研究报告和学习成绩证明材料。申报表包括申报表一至申报表七，分别为基本信息表、研究项目表、个人陈述表、辅导教师表、学习成绩表、指导专家表、项目推荐表，表一、四、五、六须加盖公章，所有申报表填写完整（包括签名和盖章）后，由申报者扫描上传至申报系统；项目研究报告内容包括项目标题页、摘要页和正文页（第3页起，包括研究背景和目的、研究内容、研究方法和结果、分析和讨论、研究结论、参考文献等），正文字体宜采用宋体，字号小四，行距为固定值20磅，字数为2 000～10 000字，文件格式为.doc、.docx或.pdf，由申报者上传至申报系统；学习成绩证明材料为申报者所在学校出具的正式成绩单（可为复印件），须加盖学校或教务处公章后由申报者扫描上传至申报系统。

活动流程：① 资格审查，由各省级审查机构在线完成资格审查工作；② 初评，形式为专家网络评审，成绩前 130 名的申报者入围终评，名单在活动官网公示；③ 终评，入围终评的申报者须在规定时间内将所有申报材料的原件以邮局 EMS 特快专递方式邮寄至组委会办公室（邮寄时间以邮戳为准），终评形式为现场评审，包括研究项目问辩、综合素质考察、知识水平测试三个环节，此外，组委会还会组织项目公开展示、科技主题参观、科学论坛等教育交流活动。

奖项设置：一等奖 15 名，其中“明天小小科学家”称号 3 名，颁发获奖证书、奖杯和奖学金 50 000 元，其余 12 名颁发获奖证书和奖学金 20 000 元；二等奖 35 名，颁发获奖证书和奖学金 10 000 元；三等奖 50 名，颁发获奖证书和奖学金 5 000 元；入围奖 30 名，颁发获奖证书。一、二等奖获奖者所在学校获得与获奖者奖学金等额的奖金，如申报者还得到校外辅导机构（限 1 个，须为公益性质）指导，则奖金由申报者所在学校与校外辅导机构平分。获奖单位必须将奖金专项用于青少年科技教育工作。

3．全国中小学电脑制作活动

全国中小学电脑制作活动的举办目的是“在中小学普及信息技术教育，以信息化带动教育的现代化，提升中小学生信息素养和信息技术能力”，指导思想是“丰富中小学生学习生活；重在过程，重在参与；激发创新精神，培养实践能力，全面推进素质教育”，主题是“实践、探索与创新”，即鼓励广大中小学生结合学习与实践活动及生活实际，积极探索、勇于创新，运用信息技术手段设计、创作电脑作品，培养“发现问题、分析问题和解决问题”的能力。

主办单位：中央电化教育馆和中国移动通信集团有限公司。

活动对象：全国小学、初中、高中（含中职）在校学生。

活动内容：数字创作、程序设计、创客、人工智能、机器人 5 个项目。

数字创作项目：使用计算机设计、制作完成数字化创意作品，包括电脑绘画、电脑动画、微视频、电脑艺术设计、电子板报和 3D 创意设计。

程序设计项目：使用各类程序设计语言创作完成软件作品，下设创新应用开发、创意程序设计和趣味编程专项 3 个项目。软件作品需实现某些特定功能或解决某种需求，可以是运行在单台计算机上的软件、面向互联网的应用服务、面向智能终端的 App 应用等。

创客项目：参与者通过计算机辅助进行设计和创作，制作出体现多学科综合应用和创客文化的作品，并进行交流展示。

人工智能项目：参与者通过简单的人工智能应用模块搭建、设计初步实现人工智能的创意应用方案，并进行交流展示。

机器人项目：旨在促进全国中小学校机器人爱好者的互相交流、学习和展示，项目设置会根据实际情况每年进行调整。

活动形式：前期（通常为每年的 3—5 月）由省级组织单位统一进行推荐报名。全国现场交流活动采取现场培训、现场挑战、现场展示和交流的形式。

奖项设置：根据教育部有关要求，自第二十一届活动（2020 年）开始不再进行评比和竞赛，不发放获奖证书，组委会根据活动参与情况，为参与活动的师生发放参与证书。

4. 中国青少年机器人竞赛

中国青少年机器人竞赛创办于 2001 年，是中国科学技术协会面向全国中小学生开展的一项将知识积累、技能培养、探究性学习融为一体的普及性科技教育活动。中国青少年机器人竞赛是国内面向青少年群体的规模最大、管理规范、认可度高、影响广泛的机器人竞赛活动之一。

主办单位：中国科学技术协会。

竞赛内容：机器人综合技能比赛、机器人创意比赛、FLL 机器人工程挑战赛、VEX 机器人工程挑战赛、机器人创新挑战赛。

机器人综合技能比赛：在一块固定的场地上设置数个不同难度的任务，要求参加比赛的代表队在完全封闭的现场自行拼装机器人、编制机器人运行程序、调试和操作机器人。

机器人创意比赛：是一项自由度比较高的竞赛，每年设置一个主题。学生在辅导老师的指导下，在学校、家庭、校外机器人工作室或科技实验室里，以个人或小组的方式进行智能机器人的创意、设计、编程与制作，最后完成自己的机器人创意作品参加大赛展示和评选，整个制作过程可以持续 6 个月左右。

FLL 机器人工程挑战赛：是一项国际青少年机器人比赛项目，整个竞赛分为现场竞技、技术问辩、课题研究几个部分，在培养青少年机器人兴趣和技能的同时鼓励他们关注社会，积极运用科学和工程学知识解决各种问题。比赛每年设置一个主题，围绕主题设计十余项任务，由机器人在固定场地内完成，同时要求参赛团队结合生活对这个主题开展课题研究，最后还要在技术问辩时进行课题介绍和团队风采展示。

VEX 机器人工程挑战赛：是一项国际青少年机器人比赛项目，每年设置一个主题及特定的竞技内容。比赛采用联队对抗形式进行，参赛青少年通过遥控器控制己方的两个机器人获得尽量多的分数，同时还要合理运用战略防止对方得分。

机器人创新挑战赛：设置与年度主题有关的模拟场景任务，要求参赛队伍在现场拼装机器人、编程、调试和操作机器人，完成比赛任务。

竞赛时间： 3—5 月省级竞赛，7 月或 8 月全国竞赛。

参赛对象： 在校就读的中小学生（包括普通中小学、特殊教育学校、中等职业学校等）。参加全国竞赛的队伍需由省级竞赛选拔产生。

报名方式： 组委会办公室按名额分配生成报名授权号，省级竞赛组织机构负责授权号的发放并组织本省有关参赛队伍登录竞赛官方网站在线报名。

奖项设置： 分为等级奖和专项奖。竞赛组委会选拔优秀获奖队伍参加相关国际比赛。

5．全国青少年信息学奥林匹克竞赛

全国青少年信息学奥林匹克竞赛（NOI）由中国计算机学会于 1984 年创办，旨在向青少年普及计算机科学知识；给学校的信息技术教育课程提供动力和新的思路；给有才华的学生提供相互交流和学习的机会；通过竞赛和相关的活动培养和选拔优秀计算机人才。竞赛及相关活动遵循开放性原则，任何有条件和兴趣的学校和个人，都可以在业余时间自愿参加。NOI 系列活动包括：全国青少年信息学奥林匹克竞赛和全国青少年信息学奥林匹克网上同步赛、全国青少年信息学奥林匹克联赛、冬令营、选拔赛和出国参加国际信息学奥林匹克竞赛。

主办单位： 中国计算机学会。

参赛对象： 初中（普及组）、高中（提高组）。

测试方式： 笔试（初赛），电脑测试（复赛）。普及组复赛时间为 3.5 小时，只进行一试。自 2011 年起，提高组复赛由一试改为两试，分两天进行，每天竞赛试题量由原来的 4 题改为 3 题。

竞赛时间： 正常情况下，每年 10 月的第 2 个或第 3 个星期六下午 2:30—4:30 举行初赛，11 月的第 2 个星期六下午 14:30—18:00（普及组）进行复赛，11 月的第 2 个星期六上午 8:30—12:00、星期日上午 8:30—12:00（共 2 天，提高组）进行复赛。

参赛语言： C++；C（2022 年将部分取消）、Pascal（2022 年将全部取消）。

晋级： 各省市初赛成绩在本赛区前百分之十五的学生进入复赛，其分数不计入复赛的成绩。

6．宋庆龄少年儿童发明奖

为营造崇尚科学、尊重科学的良好氛围，激励少年儿童讲科学、爱科学、用科学，提升少年儿童的科技创新和实践能力，中国宋庆龄基金会于 2001 年设立“宋庆龄少年儿童发明奖”（以下简称“发明奖”）。该奖项是经国家科技部批准的唯一以国家领导人名字命

名的公益性国家级青少年科技活动奖项。

主办单位：中国宋庆龄基金会、中国发明协会。

组织流程：发明奖每年评选一次，由国内各地（含港澳台地区）及部分海外地区的相关机构统一组织选拔、申报、参赛。

通常每年 12 月下旬下发活动通知，次年 1—3 月底各组织单位遴选作品，4 月网上申报作品，5 月组织初评，6 月汇总入围名单，进行网上公示，7 月下发终评决赛通知，8 月举办终评决赛和颁奖典礼。

参赛资格：18 周岁以下的在校中小学生均可报名参赛。参赛者需提交近 1 年内完成的各类作品，曾参加和获得过本奖项的作品不再参赛（在原有基础上进行创新及改进的作品除外）。不接受食品、医药类项目及科学研究论文类作品参赛。

参赛规则：参赛作品必须由本人选题，自行或在教师或家长的指导下设计、制作；一位参赛选手可以申报一类作品，还可以再申报一项集体作品，多报无效；作品摘要、科学原理、创新点和解决方案等文字介绍中均不得出现参赛选手和辅导教师的姓名、学校名称、专利申请情况及曾获得过何种奖励等（专利证书和获奖证书可在指定区域内上传图片），否则将取消参赛资格。

申报方式：学生在网上自主申报，地方组织单位统一遴选，每件作品对应唯一的授权码，由地方组织单位统一发放。

评审程序：初评，组委会组织初评评委对各组织单位申报的作品进行评审，从中选出优秀作品推荐入围终评；公示，组委会将推荐入围终评的作品进行为期 15 天的公示，无异议后确定最终入围名单；终评，组委会组织终评评委对已入围的参赛选手及其发明、创意、人工智能作品进行现场评审和答辩，并根据初评和终评成绩确定最终奖项等级。

奖项设置：优秀作品奖和优秀组织奖。优秀作品奖下设发明作品奖、创意作品奖、人工智能（编程）作品奖、优秀科技绘画奖，优秀组织奖下设优秀组织单位奖、优秀辅导教师奖、科技发明先进校奖。

发明作品奖名额最多 270 个，按照小学、初中、高中三个学龄段分别设金奖、银奖、铜奖、优秀奖，金奖、银奖、铜奖颁发奖牌和证书，优秀奖颁发证书；创意作品奖名额最多 30 个，不分奖次，颁发证书；人工智能（编程）作品奖名额最多 100 个，按照小学、初中、高中三个学龄段分别设金奖、银奖、铜奖、优秀奖，金奖、银奖、铜奖颁发奖牌和证书，优秀奖颁发证书；优秀科技绘画奖名额最多 30 个，不分奖次，颁发证书。

优秀组织单位，颁发奖金和证书；优秀辅导教师，颁发证书；科技发明先进校，颁发证书。

（二）国际创客赛事

1. 英特尔国际科学与工程大奖赛

英特尔国际科学与工程大奖赛（ISEF），由美国科学与公众社团主办，英特尔公司冠名赞助，是全球规模最大、等级最高的中学生科研科创赛事。英特尔国际科学与工程大奖赛被誉为全球青少年科学竞赛的“世界杯”。其宗旨是鼓励中学生进行科学研究与科技创新，使他们通过竞赛展示研究成果，参与竞争，并感受不同文化的交流。

参赛资格：世界范围内所有相关科学大赛中的优胜者（9～12 年级），可个人或团队参赛。

参赛途径：从国内顶尖赛事与项目中选拔出来的优秀学生代表，经中国科协青少年科技中心进行筛选后获得中国科协青少年国际科技交流项目遴选培训暨 ISEF 冬令营资格。入选名单将于每年 12 月 30 日在中国科协青少年科技中心官网发布。冬令营期间将进行评审问辩，同时帮助项目作者进一步完善项目，提升交流水平，做好参加各项国际科技竞赛和交流活动的赛前准备。在国际学校就读的外籍同学可以由学校组织报名参加 ISEF 四川科学工程大赛，获胜的队伍有机会获得直通美国 ISEF 决赛的资格。

竞赛学科：动物学、行为和社会科学、生物化学、细胞和分子生物学、化学、计算机科学、地球科学、电气和机械工程学、环境管理、材料和生物工程学、能源和交通运输、环境科学、数学、医学与保健科学、微生物学、物理和天文学、植物学。

奖项设置：

高登・厄尔・摩尔奖：最高奖项，奖励 75 000 美元。

英特尔 ISEF 最佳类别奖：从各竞赛学科中各选一个最佳项目，奖励 5 000 美元，选手所代表的学校也可获得 1 000 美元奖励。

英特尔基金会青年科学家奖：从英特尔 ISEF 最佳类别奖中选取两位，奖励 50 000 美元。

英特尔 ISEF 大会奖：每个学科类别分设一、二、三、四等奖，一等奖奖励 3 000 美元，二等奖奖励 1 500 美元，三等奖奖励 1 000 美元，四等奖奖励 500 美元。

英特尔 ISEF 特别奖：由各大公司及机构赞助的奖项。

此外，大赛还会奖励获奖学生去其他国家交流、学习或参赛。

2．谷歌科学挑战赛

谷歌科学挑战赛是由谷歌公司协同维珍银河公司、乐高集团、《国际地理》杂志和《科学美国人》杂志联合举办的全球最大规模的中学生在线科创竞赛。

参赛资格：世界各地 13～18 岁的青少年均可参加，参与形式可以是个人也可以是团队（2～3 人），但无论哪种形式都只能参加一个项目。

竞赛学科：分实验类和工程类。实验类包括行为与社会科学、生物学、化学、环境科学、动植物、食品科学；工程类包括天体物理学、能源与空间、物理学、电学与电子学、发明与创造、机器人学、计算机科学与数学。

参赛途径：所有参赛者都必须通过网络和免费的 Google 账户网上提交作品，经评选进入地区决赛（中国属于亚太赛区），最后经过角逐进入全球决赛（仅限 20 支队伍）。

参赛者可在学科类目中选择一个作为主要主题，最多还可选择两个副主题。

参赛者要首先制订一个假设，之后进行实验，获取研究成果。比赛每一年都会邀请世界各地的孩子通过上传视频的方式展示自己的发明和发现。

奖项设置：

类别奖项：分为实验类和工程类。实验类设《科学美国人》奖和《国家地理》奖；工程类设乐高教育奖和维珍银河先锋奖。

大奖：从类别奖获得者中产生。在产生大奖获得者的类别下，第二名顺延成为类别奖获奖者。

3．FIRST 机器人大赛

FIRST 机器人大赛（FRC）是由美国非营利性机构 FIRST 主办的针对所有中学生的一项国际性工业级机器人竞赛。

大赛赛程：无特殊情况下，每年 10 月队伍注册；11—12 月队伍开展有关机器人搭建、编程等的策略会议；次年 1 月，FRC 官方网站公布新赛季规则，此时报名成功的参赛团队会收到 FRC 官方的 kit（比赛用的机器人所需的零件），所以每个参赛队伍需要支付 5 000～6 000 美元的注册费，在之后的 6 周内，参赛队伍需要自主搭建一个可以完成相应任务的机器人；2 月为搭建截止时间，参赛队伍们将搭建完成的机器人封装在竞赛包中；3 月世界各地开展区域赛；4 月世界各地的获胜队伍到美国参加 FRC 锦标赛。

竞赛方式：分为练习赛、资格赛、淘汰赛和决赛。所有队伍都会进行合理次数的练习赛。随后进行的资格赛中，每支队伍会被随机地与另外两个队伍结盟并与其他联盟对抗，每个联盟通常参加 8—10 场资格赛。资格赛完成后，获得继续参赛资格的队伍进入淘汰赛，

8 支分数最高的队伍将轮流挑选其他 2 支队伍，分别组成 8 个联盟，互相进行淘汰赛；最终优胜者进入决赛。

每一场比赛的挑战项目包括 10～15 秒的由机器人通过预先编好的程序进行动作的自动操作，以及随后大约 2 分钟的由机器人操作员控制完成的手动控制。

4. “少年创客”（YouthMaker）科学挑战赛

“少年创客”（YouthMaker）科学挑战赛是一项集科学研讨、科学竞赛、文化交流和教育论坛为一体的国际化科技创新赛事。该赛事秉承创客精神，探讨创客教育理念。活动鼓励青少年参与工程设计、项目实践及科学实验，完成具备原创性与社会价值的科技、科研项目。

大赛赛程：

春季挑战赛时间：约为每年的 3 月 15 日—4 月 1 日。

1/4 决赛项目提交时间：约为每年的 5 月 17 日—6 月 29 日。

1/4 决赛结果公布时间：约为每年的 7 月 1 日。

总决赛时间：约为每年的 7 月 21 日—22 日。

参赛要求：

（1）12～19 周岁，个人或团体（限 2 人）参与。

（2）所有参赛者必须征得父母或法定监护人的同意。

（3）参赛者提交的项目必须与往届不同，或是在原来项目上有突破性的进展。

竞赛主题：发明与创造、电学和电子学、机器人学、计算机科学与数学。

申报材料：

（1）概述视频：不超过 2 分钟，如果超过 2 分钟，评委将仅评审前 2 分钟的内容。

（2）项目研究报告：全英文，不超过 800 字，具体包括问题/提案和背景介绍、研究方案、测试和结果、结论、参考书目、引用文献和致谢。

以上材料均由参赛者登录官方网站在线提交。

奖项设置：

地区决赛入围奖：前 30 强。

全球决赛入围奖：前 10 强。

金奖、银奖、铜奖：在前 10 强中诞生。

组委会还将评选学生优秀志愿者、学校优秀组织奖等奖项。

5. 丘成桐中学科学奖

丘成桐中学科学奖是由中国著名数学大师丘成桐先生于 2008 年为全球华人中学生设立。其以"创新、体验、成长"为核心要素，倡导中学生的创新思维和团队合作能力，激发和提升中学生对科学研究的兴趣及创新能力。

竞赛学科：数学、物理、化学、生物、计算机、经济金融建模。

大赛流程：网上注册报名→在线提交论文→分赛区评审→全国总决赛。

参赛方式：同一所中学的 1～3 名学生组队，提交论文，禁止跨校组队；1～2 名指导老师，可以选择本校的中学教师，也可以选择外校中学老师或其他高校教师等，但不能是商业培训机构聘请的老师。

评审制度：各学科领域专家参与评审，秉承科学、严谨的选拔标准，历经 4 个月 5 轮评比后，最终决出总决赛人选。

决赛需要通过评审团评定，并进行英文答辩。评审团由来自国际知名高校的 20 多位教授组成。

奖项设置：各学科均设置金奖 1 个、银奖 1 个、铜奖 3 个、优胜奖 5 个，奖金分别为 15 万元、10 万元、6 万元、3 万元，并为获奖团队颁发奖杯和证书，另设置跨学科奖项——科学金奖 1 个，奖金 15 万元。

每年奖项的实际授予数量由评审团参照以上奖项设置，以本年度参赛作品质量和学生答辩表现的综合评判协商确定。

三、创客赛事的作用

（一）强化团队意识

很多创客赛事都要求参赛者以团队的形式参赛。团队中的每个成员都必须有明确的分工，必须各司其职又相互配合，才能在比赛中发挥出自己最好的水平。在这个过程中，学生的团队意识自然而然地得到强化——每个成员都必须把自己真正地融入团队中，他们必须清楚，团队荣则己荣，作为团队的一分子，必须为团队尽最大的努力。

（二）培养竞争意识

参加创客赛事可以培养学生的竞争意识，使其未来更好地适应竞争激烈的社会。任何一项创客赛事都具有完善的规则，存在激烈的竞争，这种良性竞争的氛围能够树立起青少年公平竞争、全力以赴的竞争意识。青少年要想在竞赛中脱颖而出，需要在赛前做好充分的准备——知识的夯实、技巧的训练、规则的研读、作品的精打细磨等；需要在赛中保持良好的心态，学会克服紧张的心理，能够稳定地发挥出自己的水平。而这些优秀素质是面对任何竞争都必不可少的，能够帮助青少年在未来社会赢得先机。

（三）锤炼强大内心

在创客赛事中，参赛者既可能脱颖而出，获得桂冠，也可能榜上无名，失败退场。无论何种结果，对青少年来说都是对内心的锤炼。青少年要做到："胜不骄"，要看到他人的长处，意识到团队合作的重要性，而不是洋洋自得，从此骄傲自满、故步自封；"败不馁"，无须垂头丧气，找出失败的原因，确定努力的方向，要知道，"失败乃成功之母"。

竞赛并不是目的，成长才是收获，通过创客赛事能使青少年知识水平提高，团队意识、竞争意识加强，心理素质得到锤炼，使其更好地适应社会。

知识小卡片

择校获得更多选择自主权

2017 年，教育部办公厅发布的《教育部办公厅关于严格高校自主招生资格审查和考核工作的通知》指出：自主招生主要选拔具有学科特长和创新潜质的优秀学生。学科特长如何体现呢？通过高考分数吗？当然不是，学科特长是通过相应的学科竞赛和创客赛事体现的。创新潜质又如何体现呢？在现有的教育体制中，尚无一个可行的标准，所以各高校依旧将目光瞄准了创客赛事，将选手在赛事中的表现及所取得的成绩纳入学校的自主招生政策。所以，参加创客赛事能为学生在名校选择上增加一定的选择权。

案例研讨

乐动于心

"乐动于心"是往届谷歌科学挑战赛金奖作品，作者是美国加利福尼亚州的 Jonah Kohn。该作品通过触觉声音来改善盲人的音乐体验，是一项与艺术完美结合的创意项目。该项目是这样完成的：

找一个有研究价值的问题并构思想法

有一天，Jonah 准备弹吉他给朋友听，然而在吵闹的教室里，他们无法听到音乐的声音。无奈之下，Jonah 抱着吉他发呆，不经意间，他的牙齿触碰到了吉他，他发现这样竟然可以使他在嘈杂的环境中清晰地听到音乐的声音。这个现象引起了他的兴趣，他后来了解到，这种现象被称为触觉声音。

美国有 3 000 万人有听力损失，其中有 800 万人使用助听器。对于有听觉障碍的人来说，他们对音乐的感知能力被削弱了。热爱音乐的 Jonah 便想，能不能利用触觉声音的原理，发明一种通过接触将声音直接传输到人体内的设备呢？

设计解决方案，并进行实验测试

根据上述设想，Jonah 发明了一种振动扬声器——K-MAD（见图 3-1）。这种振动扬声器和五个不同的指套连接在一起，当音乐响起的时候，振动扬声器就将各种振动传递给每个指套，使用者就能感觉到不同音符、旋律和各种乐器混合后所产生的差别了。

项目完成后，Jonah 对设备进行了对比测试，来检测设备的效果。测试结果表明，所有听障受试者对音乐的感受力均有显著改善，K-MAD 在帮助听障人士通过触觉体验音乐方面取得了很大进步。

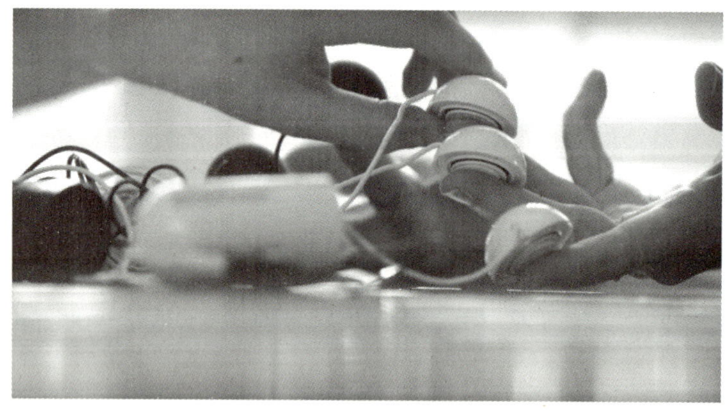

图 3-1　K-MAD 设备

资料来源：https://www.sohu.com/a/287191911_100161436

研讨问题：该项目为什么能在众多优秀的项目中脱颖而出？它有哪些亮点？该项目的成功能给我们在创客赛事准备方面带来哪些启发？

2019 中美青年创客大赛上海赛区

四川省青少年科技创客成果展示活动

第二节 创客赛事的选择和准备

一、创客赛事的选择

参加创客赛事，能丰富人生阅历、提升能力。创客赛事种类较多，但一个人的精力是有限的。那么，我们该如何帮助学生去选择要参加的创客赛事呢？

（1）明确需求，根据未来规划进行赛事选择。

首先，明确参赛者要报考哪所学校，是国内的还是国外的，据此确定要参加的是国内赛事还是国际赛事。

其次，查看所要报考学校的自主招生政策，重点了解哪些赛事是其认可的，以及不同赛事的认可程度。根据赛事的难易程度不同或学校院系的特定需求不同，学校对于不同赛事的认可程度及对奖项的要求是不同的。有些学校可能同时认可几项赛事，有些学校则可能只认可特定赛事；有些学校可能要求必须获得一等奖，有些学校则可能要求入围即可。参赛者应根据自己的未来规划认真选择要参加的赛事。

（2）初步确定赛事类型。若所心仪的学校认可多种创客赛事类型，如机器人、软件编程、学科研究等，参赛者就要根据自己的特长，选择自己擅长的领域，进一步缩小选择范围。

（3）仔细研读所选定的领域内各创客赛事的规则，最终确定所要参加的创客赛事。同一领域内通常会有多种赛事，每一种赛事的规则、难易程度都不一样，还有的赛事对参赛者的年龄有一定的限制，参赛者必须根据自己的需求和能力选择适合的创客赛事。

（4）确定子类。每一种创客赛事都包含很多子项目。例如，机器人类的赛事可能包含纳英特机器人、Enjoy 机器人、WER 机器人等，具体种类由机器人赞助商或是获得相应资格的机器人厂商决定。又如，学科研究类的赛事，里面几乎囊括了各门学科，如数学、物理、化学、生物学、生命科学、计算机科学等。参赛者可以根据自己的兴趣，赛事的难易程度、竞争程度，以及自己以后想要学习的专业方向确定参赛项目。

二、创客赛事的准备

（一）选择主题

若参加的是学科研究类的项目，参赛者需要自己选择主题。主题应该具有一定的价值，即能解决实际问题，并且是前人未解决或未完全解决的。这些问题可以是学习上的、生活中的、学术上的、科技上的……想要找出有新意的主题，就需要参赛者热爱生活，善于发现问题。

当然，若参加的是机器人竞赛、奥林匹克竞赛类的就不需要自主选择主题了，因为赛事举办方已经确定好了主题。

（二）设计解决方案

主题确定后，参赛者就可以开始设计解决方案了。有时候解决方案可能不止一个，参赛者需要逐个进行验证，并进行多次修改，最终找到一种最佳的解决方案。另外，有时为了应对赛场上的突发情况，提高成功的概率，参赛者需要准备多个预案，以便在需要的时候及时切换，并且要反复调试，确保每个方案都行之有效。

（三）实际测试

项目完成后，为了验证其正确性、可行性，参赛者需要对项目进行多次测试。测试过程及测试数据是非常重要的佐证材料，能增强项目的说服力。

（四）提交参赛资料

各项赛事对参赛资料的提交都有十分明确和具体的规定，参赛者一定要认真阅读比赛章程，按要求提交资料，切不可漏报、错报，或因资料不规范而被拒之门外。

案例研讨

利用水果抗干旱

“利用水果抗干旱”是2016年谷歌科学挑战赛获奖项目。项目获奖者是16岁的Kiara Nirghin，她住在南非的约翰内斯堡。2018年，南非遭遇了20多年来最严重的干旱。看到干裂的农田，Kiara难过极了，她想要帮助农民解决干旱的问题。

通过学习研究，Kiara了解到要解决长期的水资源需求问题，关键是要找到一种能保存于土壤之中且储水量能达到自身重量数百倍的特殊材料。但目前已有的这类材料通常都是人造的，还含有不可生物降解的有害化学物质，且价格昂贵，当地农民无法承受。有没有什么方法，能够低成本地获取到这样的材料呢？

Kiara 从随处可见的橙皮中发现了一种低成本的理想材料。橙皮含有超过 64%的多糖，使其成为可生物降解聚合物的候选物。在发现橙皮可以作为可生物降解聚合物之后，Kiara 并没有停止探索。她反复试验，发现牛油果果皮中富含天然油，将其加入煮沸的橙皮后会得到一种聚合物，这种聚合物是适用于干旱土壤的良好储水材料。制造"橙皮混合物"唯一需要的能源是电力，不需要特殊设备和材料。Kiara 希望利用这种果汁生产中产生的废弃物材料，来帮助当地农民缓解土壤干旱的问题，并且无须花费太多的金钱。

Kiara 通过大胆设想及反复试验，制造出了成本低廉、环境友好、效果良好的高吸水性聚合物，对解决南非的干旱问题做出了贡献。有着明确的现实应用的可行性，能够针对干旱问题提出有效的解决方案，是这个项目能脱颖而出、获得大奖的原因。

资料来源：https://www.sohu.com/a/287191911_100161436

研讨问题：该案例项目的开发要以哪些学科知识为基础？这个案例对你有何启发？

创客毛俊杰：初三学生的"奇思妙想"

贵阳六中-创客空间让学生"与众不同"

2017 至 2019 年，在世界物联网博览会"物联网设计创新创客大赛"（青少年组）决赛中，无锡市侨谊实验中学的"流浪宠物智能投喂器""智能道路系统""冰球计分系统"等作品均获得一等奖。

请你搜集相关资料，说一说这些作品背后的故事。你能从中得到什么启发？

下篇

创新创业教育

第四章　创业准备

学习目标

知识目标： 了解创新、创业的基础知识，创新创业政策和创业支撑平台；熟悉创业机会的来源与识别方法，以及创业风险的来源与管理方法。

能力目标： 具备分析创业政策和利用创业政策的能力；能够识别和把握创业机会；能够有效防范创业风险。

素质目标： 树立创新意识和创业观念；具备审时度势、乐观向上、积极进取的创业态度。

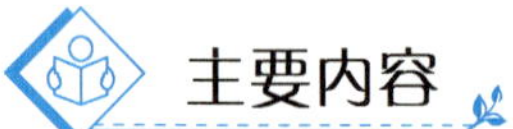

主要内容

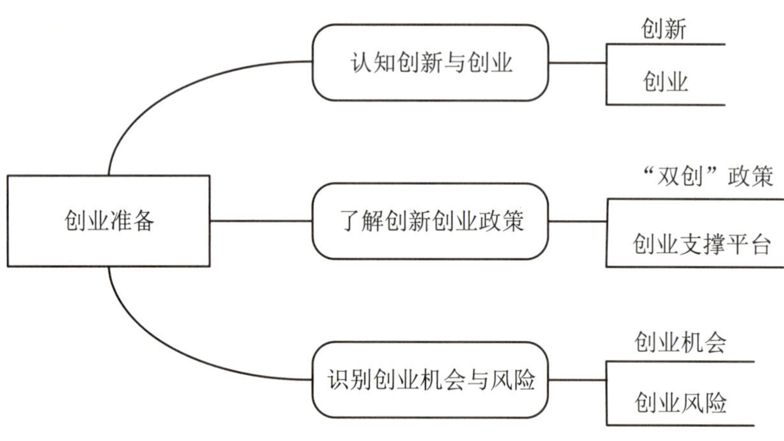

引导案例

残疾青年的创新之路

吕伟涛来自汕尾市海丰县的一户农村家庭，是一位发明创新性残障人士用品的残障青年。

吕伟涛生于 1982 年。未满周岁时的一场重病，令他双腿残疾。就在他最需要亲人照顾时，却失去了最珍贵的母爱。一张板床，两扇门窗，四面土墙，满地爬行，组成了他的童年。12 岁时，因为家境贫困，没钱治病，他只好把畸形的双脚捆在床板上，在没有麻醉的情况下，强忍着剧痛，硬是将腿脚拉直，为学会使用拐杖行走创造了条件。可是初学使用拐杖时，因为双腿没有支撑力，刚一移动拐杖，吕伟涛就重重地摔在了地上，他艰难地爬起来，但又摔倒了，他再一次爬起来……在经历了一次又一次的摔跤后，最终，吕伟涛靠拐杖站起来了！

学会借助拐杖站立后，吕伟涛渴望能上学读书。就在 13 岁那年，他靠着平时自学的一点知识，给村小学的校长写了一封渴望读书的信。校长被他的真诚感动了，破例同意让他直接入读小学六年级第二学期。入学后，他拼命学习，半年后，吕伟涛如愿考上了初中，然后，他又考上县重点高中。他先后担任班长、团支书、学生会主席等职务，成了同学们学习的榜样！

吕伟涛成长和求学的经历说明了身体残障并不能阻挡追求进步的步伐，只要努力，一样可以实现心中的愿望！

毕业后，为减轻家庭负担，吕伟涛毅然选择到广州、深圳等地打工。经过半个多月的求职，他只找到了一份没有底薪的销售工作。有一次，他要去拜访客户，可天却下起了大雨。为了如约见到客户，无法撑伞的吕伟涛艰难地拄着拐杖走在倾盆大雨中。当他浑身湿透地出现在客户面前时，客户由衷地向他竖起了大拇指，这样，他又获得了一大笔订单，很快就晋升为公司的业务主管。

在日常生活中，以及跟各地的残障朋友交流的过程中，吕伟涛发现残障人士用品存在着许多缺陷，束缚了他们生存和发展的空间。于是，他萌生了改进残障人士用品的想法，希望通过创新的力量改变残障人士的生活。他自学了机械、电子和材料等相关专业知识，动手制作模型、样品，不但自己在生活中试用，还将其寄给各地的残障朋友试用，根据他们使用后反馈的意见，他又对产品进行了改进。在经济上，他省吃俭用，把有限的资金都花在购买材料和工具上。经过几年的研发，吕伟涛做出了一系列广受残障朋友好评的产品。

吕伟涛发明的“汽车手动刹车、油门控制装置”获得了国家专利，这一发明也推进了下肢残障人士驾驶汽车合法化的进程。

吕伟涛的另一项国家专利发明——“关节式防滑拐杖头”，在各类环境下都能做到既防滑又耐用，为残障人士的生活带来了极大的方便！投入量产后，该产品还被汕尾市残疾人联合会、南京市残疾人联合会、北京市残疾人联合会等机构采购并发放给有需要的人，为残障朋友带来福音。在首届全国肢残人辅助器具创新设计大赛上，他发明的“关爱车”和“拐杖头”荣获两项发明创新奖。

吕伟涛先后被评为“广东省残疾人十佳创新人物”“汕尾市高级拔尖人才”，也被选为汕尾市肢残人协会副主席。他还荣获了“广东省青年五四奖章”和“全国自强模范”的称号，受到国家及省市领导的亲切接见！这些荣誉对他来说既是一份肯定，也是一种责任，更是一种把创新发明转化为产品的动力。

资料来源：http://qnzz.youth.cn/zhuanti/xsxx/cycy/201503/t20150318_6533303.htm

第一节　认知创新与创业

一、创新

（一）创新的含义

创新是指人们遵循事物发展规律，对事物的整体或部分进行变革，从而使其得以更新和发展的活动。创新是以新思维、新发明和新描述为特征的一种概念化活动。实际上，并非只有重大的发明创造才叫作创新，对各种产品、技术、工作方法、制度规定、商业模式、服务模式等的改进都属于创新。

（二）创新的类型

创新主要分为产品创新、技术创新、制度创新、职能创新和结构创新。

1. 产品创新

产品创新就是研发和生产出性能更好，外观更美，使用更便捷、更安全，更符合环境保护要求的产品，以更好地满足人们需求。产品创新可从以下 3 个层面来实现：

（1）开发具有新功能的产品。例如，3D 打印行业的翘楚——3D Systems 发布的 Cube 3D 打印机，具有打印平台自动找平功能，采用了全新的彩色触摸屏，具有直观的用户界面，打印时拥有漂亮的 LED 高亮显示效果，且其打印支撑结构更容易拆除。正因为有了这些创新，这种打印机堪称 3D Systems 的“杀手”级产品。

（2）优化产品结构。例如，企业通过优化电子产品的结构，使产品变得轻、巧、小、薄，更加节能环保。

（3）改进产品外观。例如，苹果公司曾推出彩壳流线型 PC 机（个人计算机），以提高市场占有率。

2. 技术创新

技术创新是指采用新的生产方法或新的原料生产产品，以达到提升质量、降低成本、保护环境或使生产过程更加安全和省力的效果。技术创新可从以下 4 个层面来实现：

（1）革新工艺路线。例如，用精密铸造、精密锻造、粉末冶金技术代替金属切削技术来生产复杂的机械零件，可大大缩短生产周期，降低成本。

（2）替代和重组材料。例如，从环保角度出发，以农产品为原料生产工业产品，如用玉米生产一次性水杯、餐具和包装盒等。

（3）革新工艺装备。例如，用电脑绣花机代替手工绣花，用数控机床代替手动操作机床，等等。

（4）革新操作方法。例如，用更省力、更高效的操作方法，代替一些传统的、不适应现代技术进步的操作方法。

3. 制度创新

制度创新就是从社会经济角度对企业的生产方式、经营方式、分配方式、经营观念等进行调整和变革，以推动企业发展和社会进步的一种创新。

4. 职能创新

职能创新就是在计划、组织、控制、协调等管理职能方面采用更有效的新方法和新手段。其常见形式如下：

（1）计划形式的创新。例如，某企业在购电、电网运行和用电方面创造性地采用了目标规划方案，结果每年节约电费 2 000 万元以上。

（2）控制方式的创新。例如，丰田汽车公司首创了准时生产制（just in time, JIT），显著降低了生产成本。

（3）用人方面的创新。例如，使用测评法选拔和考核干部，采用拓展训练等方法改善员工培训效果等。

（4）激励方式的创新。例如，某企业实行“自助餐式”奖励制度，即员工可以从企业提供的列有多种福利项目的“菜单”中选择自己所需要的福利，这种创新型激励方式使企业在付出同等成本的情况下获得了更好的激励效果。

（5）协调方式的创新。例如，某市政府试行科技特派员制度，市政府工作人员先通过调查，了解村镇和农业大户所需要的技术支持，同时将全市 3 500 名农业科学技术人员按专长分类并公布，然后将两者对接起来，让双方实行双向选择。经过这种协调方式的创新，农户和农业科学技术人员的收入都得到了大幅度增加。

5. 结构创新

结构创新是指设计和应用更有效率的新组织结构。结构创新按其影响范围的不同可分为技术结构的创新和经济与社会结构的创新。

（1）技术结构的创新。例如，福特汽车公司在 20 世纪 20 年代首创了流水线生产方式，让工人分工完成流水线上的简单工序，大大提高了生产率，从而开创了大规模生产标准产品的工业经济时代。

（2）经济与社会结构的创新，即通过调整人们的责、权、利关系来提高组织效能。例如，美国通用汽车公司在 20 世纪 20 年代通过采用事业部制，化解了统一领导与分散经营之间的矛盾，使规模经营与市场适应得到了很好的统一，从而极大地增强了公司的市场竞争力。

（三）创新意识的激发

创新意识是指人们因社会发展和个人生活的需要，而产生的创造新事物或新观念的动机，以及在创造活动中表现出来的意向、愿望和设想。它是人们进行创造活动的出发点和内在动力，是培养创造性思维和创造力的前提。

创新意识是可以培养的，大学生可以从以下几个方面来培养自己的创新意识，从而为未来创业做好准备。

（1）增强独立意识，摆脱从众心理。创新就是要做别人没有做过、没有想过的事情。大学生如果没有独立意识，不善于独立思考，而屈从于多数人的意志，就无法产生新的想法，创新也就无从谈起了。

（2）敢于突破传统，克服迷信权威的心理。英国学者贝尔纳曾说：“构成我们学习的最大障碍是已知的东西，而不是未知的东西。”知识是创造的必要前提与基础，但如果笃信原有的知识，迷信权威，就无法跳出原有的思维模式，无法产生新的想法。要创新，就必须灵活运用已有知识，突破盲从心理，敢于质疑权威。

（3）培养想象力，敢于假设。创新意识作为一种复杂的心理活动，来源于丰富的想象力。可以说，想象力是创新的基础。古今中外，许多伟大的科学家、思想家、艺术家都具有丰富的想象力，许多伟大的科学理论和发明创造都萌芽于想象。

（四）创新精神的培养

创新精神是指综合运用已有的知识、信息、技能和方法，提出新方法、新观点的思维能力和进行发明创造、改革、革新的意志、信心、勇气和智慧。创新精神的培养可以从以下几个方面入手：

（1）要有好奇心。好奇心是点燃创新的“火把”。只有多问为什么，创新活动才有可能开始。牛顿因为好奇发现了万有引力，瓦特因为好奇发明了蒸汽机，弗莱明因为好奇发现了青霉素。好奇心包含着强烈的求知欲和追根究底的探索精神。大学生要想拥有创新精神，就必须有强烈的好奇心。正如爱因斯坦所说：“我没有特别的天赋，只有强烈的好奇心。”

（2）要敢于质疑。“学起于思，思源于疑。”疑问能促使个体去思考，去探索，去创新。许多科学家对旧知识的扬弃和对谬误的否定，无不从质疑开始。例如，伽利略因对亚里士多德“物体依本身的轻重而下落时有快有慢”结论的怀疑，发现了自由落体规律。因此，大学生应该敢于质疑，敢于提出问题，并寻求解决问题的最佳方案。

（3）要有追求创新的欲望。大学生不能满足于现有的思想、观点、方法及物品的质量、功用，而要经常思考如何在原有基础上推陈出新，如经常思考“能否换个角度看问题？”“有没有更简捷有效的方法和途径？”等问题。

很多时候，随着经验的积累，人们往往自以为能够“见微知著”。这就会引发一种弊病——单凭表面现象来判断一切，而不进行更深层次的思考。这是制约创新的主要原因。在日常生活和学习中，大学生一定要有意识地培养创新精神，既尊重权威，虚心学习他们的丰富经验，又敢于超越权威，在他们创造性劳动的基础上进行新的创造。

（五）创新思维的训练

创新思维是指以新颖独特的方法解决问题的思维活动过程。这种思维能突破常规思维的限制，从超常规甚至反常规的视角去思考问题，进而提出与众不同的解决方案。它往往表现为提出新问题、设计新方法、开创新途径、解决新问题、创建新理论等。

创新思维有很多种，不同形式的创新思维，其训练方式也不同。大学生可以通过训练下面 5 种思维来锻炼自己的创新思维。

1. 逆向思维

通常，人们习惯于沿着事物发展的正方向去思考问题并寻求解决办法。其实，对于某些问题，尤其是一些特殊问题，从结论往回推，反过来思考，或许会使问题简单化。这就是逆向思维，也就是“反其道而思之”。运用逆向思维往往能出奇制胜，取得意想不到的效果。

相对而言，常规思维有时不能解决问题，反而会影响人的创造性。大学生应有意识地训练逆向思维，在寻求问题解决方案时应让思维适时地“转弯”，从相反的方向去思考问题。这样往往能找到新的思路，让问题迎刃而解。

课堂互动

通过以下游戏，了解惯性思维给创造性思维带来的阻碍。

（1）三点水加“来”字读 lái，那么三点水加“去”字读什么？

（2）一盘红豆和一盘黑豆混在一起炒，炒完之后倒在盘子里，豆子自然分成两部分。这是为什么？

你的答案是什么？你觉得是什么束缚了你的创造性思维？

2. 发散思维

俗话说：“条条大路通罗马。”人的思维也是一样。面对同一个问题，人们可以从多角度思考，进行大量不同的设想，尽可能多地提出解决方案，先不论方案是否可行。这就是发散思维，即扩散思维。

发散思维没有一定的方向，也没有一定的范围，它要求人们将单向思考转为多向思考或立体思考，不墨守成规。从一定程度上说，人与人的创新能力的差别就体现在发散思维能力上。

大学生要勤于实践，有意识地训练自己的发散思维。遇到问题时，应当尽可能赋予问题所涉及的人、物及事情以新的性质，摆脱旧思维、旧方法的束缚，运用新观点、新方法、新结论解决问题。按照这个思路进行发散思维训练，往往能收到良好效果。

课堂互动

(1) 尽可能多地列出肥皂的用途。

____

(2) 尽可能多地写出“缓解上班高峰期电梯拥挤现象”的方法。

____

(3) A 能够影响 B，如书籍能够影响人的心灵等。按照这种思路，列举 4 对 A 和 B 的例子。

____

3. 集中思维

集中思维是指在发散思维的基础上，将已获得的若干信息或思路加以组织，使之指向一个最佳的答案、结论或方案的一种思维方式。具体来说，就是对发散思维提出的多种设想进行整理、分析，再从中选出最可行、最经济、最有价值的设想，并加以深化和完善，从而获得一个最佳方案。

集中思维与发散思维如同“一枚钱币的两面”，是对立统一的，两者不可偏废。实践证明，只有既重视发散思维的培养，又重视集中思维的培养，才能较好地促进创新思维的发展，进而提高创新能力。

一般情况下，人们在信息量的占有上并无多大差别，但有些人能通过所占有的信息发现问题，抓住机会，而有些人却茫然不知。为什么会有这种差异呢？其实，这主要是因为这两类人的思维能力不同。在占有相同信息量的情况下，集中思维能力较强的人能够更加准确、及时地提取有用信息并加以利用。

4. 联想思维

万事万物总是相互联系的。只要善于发现，勤于思考，就能找到事物之间的联系。联想思维是指使不同表象之间发生联系，没有固定思维方向的自由思维活动。联想思维包括相似联想、对比联想、因果联想、类比联想等，在人们的创造活动中具有重要的作用。它可以帮助人们在创造活动中摆脱习惯性思维的束缚，并可以使人们从众多的信息中获得有益的启发。

人人都能产生联想，但并不是人人都具有较强的联想思维能力。大学生只有经常进行专门的联想训练，丰富联想的内容，提高联想的速度，才能提高自身的联想思维能力，为创造性思维的发展打下基础。

课堂互动

木头和皮球本是两个风马牛不相及的东西，但我们可以通过联想使它们发生联系：木头—树林—田野—足球场—皮球。请同学们想一想以下每组词的词语之间有什么联系。

天空和茶

____

钢笔和月亮

____

5．逻辑思维

逻辑思维是人们在认识事物的过程中，借助概念、判断、推理等思维形式能动地反映客观现实的理性认识过程。逻辑思维处于认识的高级阶段，即理性认识阶段。通过逻辑思维，人们能更好地把握事物的本质。

也许有人会问，逻辑思维和创新有什么关系呢？其实，两者之间有很紧密的联系：创新思维需要人们拓展思路，而任何思路的转换、创新都和逻辑思维活动（分析、比较、综合、概括、演绎等）密切相关。因此，大学生应在日常生活中有意识地锻炼自己的逻辑思维能力，从而为提升自己的创新能力打好基础。

二、创业

（一）创业的含义

创业是指承担风险的创业者通过寻找和把握创业机会，投入已有的技能知识，配置相关资源，创建新企业，为消费者提供产品和服务，为社会创造价值和财富的过程。创业包含了以下 4 层含义：创业是一个创造的过程；创业的本质在于发掘与利用机会的商业价值；创业的潜在价值需要通过市场来体现；创业以追求回报为目的。

（二）创业的分类

1．按创业动机分类

按创业动机的不同，创业可分为机会型创业与就业型创业。

（1）机会型创业是指并非为了谋生，而是为了创造、利用市场机会而从事的创业活动。这类创业活动能创造出新的市场需求或满足潜在的市场需求，从而带动新的产业发展，通常不会加剧市场竞争。

（2）就业型创业是指创业者为了谋生而自觉或被迫开展的创业活动。这类创业通常是在现有的市场上寻找创业机会，而不会创造新需求。

2. 按创业起点分类

按创业起点的不同，创业可分为创建新企业与企业内创业。

（1）创建新企业是指创业者个人或团队从无到有地创建全新的企业组织的创业活动。这种创业具有很大的风险和难度（如资源缺乏、经验欠缺等），充满挑战，但创业者能最大限度地发挥个人能力。

（2）企业内创业是指在现有企业内部将创意转化为可获利的产品或服务，并得到该企业授权和资源支持的创业活动。企业内创业是动态的，是通过连续不断的创业（如二次创业、三次创业等）来实现的。

3. 按创业者数量分类

按创业成员数量的不同，创业可分为独立创业与合伙创业。

（1）独立创业是指由一个创业者独立出资创办自己的企业并独自经营的创业活动。其特点主要有：企业产权归创业者独有，企业由创业者自由掌控，决策迅速；创业者要独自承担风险，创业资源整合比较困难，且企业发展受创业者才能的限制。

（2）合伙创业是指两个以上创业者通过订立合伙协议，共同出资，合伙经营，共享收益，共担风险，并对合伙企业债务承担无限连带责任的创业活动。其特点主要有：能充分发挥集体智慧，能有效地抵御市场风险；创业者承担风险的能力和相互协作的能力往往会影响企业的发展。

4. 按创业项目性质分类

按创业项目性质的不同，创业可分为传统技能型创业、高新技术型创业和知识服务型创业。

（1）传统技能型创业是指使用传统技术、工艺制造商品或提供服务的创业活动。传统技能型创业通常适用于酿酒、饮料生产、中药材种植与加工、工艺品制作、服装与食品加工等与人们日常生活紧密相关的行业，这些行业中的传统技能项目往往展现出独特的魅力。

（2）高新技术型创业是指以高新技术为基础，从事一种或多种高新技术及相关产品的研究、开发、生产和技术服务的创业活动，如无人机、机器人、高端数控机床、新材料的研发与制造等。

（3）知识服务型创业是指利用知识为人们提供信息服务或创造价值的创业活动。例如，创业者通过创建律师事务所、会计师事务所或管理咨询公司，为客户提供知识咨询服务等。这类创业往往投资少，见效快，但竞争也日渐激烈。

5. 按创业方向或风险分类

按创业方向或风险的不同，创业可分为依附型创业、尾随型创业、独创型创业和对抗型创业。

（1）依附型创业主要包括以下两种：一是依附于大企业或产业链而生存，为大企业提供配套服务，如专门为某个或某类企业生产零配件，或者生产、印刷包装材料；二是利用特许经营权开展创业活动，如加盟餐饮连锁店等。

（2）尾随型创业，即模仿他人创业。其通常具有如下特点：其目标是在短期内维持经营状态，待积累了足够的经营经验后，再逐步跨入强者行列；不求独家承揽全部业务，只求在市场上分得一杯羹。

（3）独创型创业是指所提供的产品或服务能够填补市场空白的创业活动。独创型创业可以采用旧内容、新形式的模式，如销售产品并送货上门，虽然经营的产品并无变化，但服务方式有所变化，从而使产品更具竞争力。

（4）对抗型创业是指进入其他企业已占据垄断地位的某个市场，并与之对抗较量的创业活动。这类创业的风险最高，创业者必须在知己知彼、科学决策的前提下，抓住市场机遇，乘势而上，把自己的优势发挥到极致。

6. 按创新内容分类

按创新内容的不同，创业可分为基于产品创新的创业、基于营销模式创新的创业和基于组织管理体系创新的创业。

（1）基于产品创新的创业是指基于技术创新或工艺创新等研制、生产新产品，以挖掘新的消费需求的创业活动。例如，采用新工艺制作紫砂保温杯、生产高档洁具等。

（2）基于营销模式创新的创业是指采取有别于其他厂商的市场营销模式，以提高消费者满足度的创业活动。例如，在零售店实行开架销售模式就是最典型的例子。

（3）基于组织管理体系创新的创业是指采取有别于其他厂商的企业组织管理体系，以降低产品生产成本，提高企业运营效率。例如，新建运输企业通过全面采用信息化管理方法，大幅度减少了管理人员，压缩了管理成本，从而使企业一开始就具备了较大的竞争优势。

（三）创业的过程

创业的过程包括从产生创业动机到创建新企业并获取回报的整个过程，通常可分为以下六个主要环节。

1. 产生创业动机

创业动机是创业者愿意冒各种风险去创立新企业的激励因素。它是创业的原动力，推动创业者去发现和识别市场机会。一般来说，想要掌控自己命运的强烈愿望，对金钱的渴望，对理想和成就感的追求，都可能成为创业动机。

2. 识别创业机会

识别创业机会是创业者对可能成为创业机会的各种事件的分析，以及对创业预期结果的判断。创业机会一般分为两种：一种是直接发现的，一种是经过深入分析后发现的。国家产业政策的调整、新技术的出现、人口和家庭结构的变化、人们物质需求和精神需求的变化、流行时尚的变化等都可能带来创业机会。创业者应该具有敏锐的观察力，及时、准确地识别创业机会，并对创业机会进行评估和筛选。

3. 整合有效资源

资源是创业的基础条件，整合资源是创业者创业的重要手段。之所以强调资源整合，是因为大部分创业者可以直接控制的可用资源往往很少，许多创业者都需要白手起家。一般来说，创业者需要整合的资源主要包括基本信息（有关市场、环境和法律问题等）、人力资源（合作者、最初的雇员等）、财务资源、人脉资源等。

4. 创建新企业

创业者在做好创业计划并准备好相应的创业资源后，就可以创建新企业了。所谓创建新企业，主要就是按照法定程序注册登记新企业。在我国，企业的注册登记主要包括确定企业地址和名称、核准名称、确定企业类型及经营范围、办理营业执照、开设银行账户等。企业注册登记的管理机关为各省市的市场监督管理局，具体的注册登记工作可以完全通过网络来进行。

5. 收获创业回报

追求创业回报是开展创业活动的目的。对创业者来说，创业是获取回报的手段和途径。创业回报可能是多种多样的，如金钱、成就感等。

案例研讨

硕士小伙用 O2O 模式卖水果

新时代下，不少年轻创业者都瞄准了互联网创业。2013 年，28 岁的硕士研究生邱旺健放弃了自己稳定的工作，注册了长春果健商贸有限公司（以下简称“果健”），并用 O2O（online to offline 的缩写，即“线上到线下”）模式卖起了绿色有机水果。

从开水果超市起步

上大学期间，有一次邱旺健去沈阳旅行，路过水果批发市场时，看到有些商贩在市场上买水果时一买就是十多箱，进货量较大，不像普通的水果商贩。出于好奇，邱旺健上前询问，得知他们都是开水果超市的。

善于留心生活细节的邱旺健想起，长春还没有大规模的水果超市，“为何不在长春开一家水果超市呢？”。于是，他在沈阳对多家水果超市进行了考察，以了解他们的经营方式。

回到长春后，邱旺健便筹集了资金，并在某新住宅区租了一间 130 多平方米的门面房，复制沈阳大型水果超市的经营模式，和父母一道开起了水果超市。在开业的第一天，销售额就达到了 1.3 万元。“其实没有什么技术含量，就是照搬别人的开店模式。”邱旺健说。他认为，当时的生意之所以好，是因为水果超市在长春还很少见。随后，邱旺健采取了一系列的销售措施（如发传单、每天推出特价水果等），以吸引顾客，并取得了显著的效果。

创业的路途总是充满着艰难。邱旺健为了节省成本，凡事都亲力亲为，每天凌晨就到长春水果批发市场进货。看到水果超市利润喜人，邱旺健打算进一步扩大规模，与志同道合的几个朋友合作开水果连锁店，各店统一品牌，独立结算。开店第一年，邱旺健就还清了因创业而欠下的债务。但好景不长，因为这种传统水果超市门槛不高，复制性很强，所以没过多久，长春市的水果超市数量激增，再加上房租不断上涨，邱旺健的收入变得不再那么可观。

鲜果切的失败反助成功转型

面对危机，邱旺健决定出去走一走，以寻求解决办法。于是，他先后到北京、上海、广州等地考察，发现电子商务模式在水果行业的应用越来越普遍，并且鲜果切（即新鲜的水果切片）在一线城市的需求量很大。回到长春，仅做了简单的随机调研后，邱旺健便购买了物流配送车，选好了宅配地点，建好了网上鲜果切商城，做起了鲜果切生意。

鲜果切销售了3个多月，平均月销售额却只有1 000多元，鲜果切网上商城入不敷出，损失惨重。失败让邱旺健开始冷静下来思考其中的原因。在他看来，长春的生活节奏和消费水平与一线城市的不一样，所以深受一线城市认可的鲜果切，在长春却“水土不服”。此外，顾客对鲜果切的质量和卫生问题的质疑，也没能得到很好的解决。

既然顾客对鲜果切的质量和卫生问题存在质疑，那就直接做绿色有机水果。这种水果既不用切块，又是绿色无公害的。首先被邱旺健选中的是草莓。邱旺健找到辽宁省丹东市的“九九草莓种植基地”，与当地农户签订了排他性协议，成为吉林省唯一的代理商。邱旺健明白，单凭自己宣传草莓如何绿色、健康，消费者是不会相信的。为消除消费者的疑虑，他想到了“让水果可溯源”这一办法。

于是，邱旺健在草莓种植大棚内安装摄像头，实时监控草莓的生长过程，并将监控内容链接到“果健”官网，消费者登录官网后便可观看草莓的相关状况。此外，草莓包装箱体上贴有二维码，客户扫码后也可以看到草莓的各种情况。

至于销售渠道，邱旺健放弃了网上商城，而改用更加方便的微信。进货前，由公司的销售人员通过微信朋友圈了解周围人对草莓的需求量。第一次进货时，邱旺健采购了100箱草莓，这些草莓一下子便销售一空。3个月下来，销售额达84万元，邱旺健的水果生意再次红火起来。

草莓的销售期只有短短4个月。为增加绿色有机水果的种类，邱旺健又先后到海南、四川、云南等地，复制与丹东农户合作的模式，建立了自己的货源基地。2015年，“果健”在全国建立了20多个绿色有机水果基地。

情感营销增加客户黏性

在水果质量得到了保证后，如何才能广而告之并增加客户的黏性呢？邱旺健带领团队尝试微信情感营销，即销售团队除在朋友圈发布水果销售信息外，还要晒工作和生活等内容，让客户对“果健”产生感情。同时，鼓励客户在朋友圈晒“买家秀”，客户凭“买家秀”即可参与每月一次的抽奖活动。经过一年多的积累，“果健”线上的稳定客户达3万余人。

资料来源：https://m.sohu.com/a/272648651_117373.

研讨问题：邱旺健的创业属于哪种类型的创业？他在创业过程中进行了哪些创新尝试？创新效果如何？影响其创新效果的因素有哪些？

技术创新案例

第二节　了解创新创业政策

一、“双创”政策

“双创”是“大众创业，万众创新”的简称。创新创业是指基于技术创新、产品创新、品牌创新、服务创新、商业模式创新、管理创新、组织创新、市场创新、渠道创新等方面的某一种或几种创新而进行的创业活动。在创新创业这一概念中，创新强调的是开拓性与原创性，而创业强调的是通过实际行动获取利益的行为。创新是创新创业的基础，创业是创新创业的目标。

（一）国家政策

1．政策密集出台

2010 年 5 月，教育部颁布了《关于大力推进高等学校创新创业教育和大学生自主创业工作的意见》，要求在高等学校开展创新创业教育，积极鼓励高校学生自主创业，培养学生创新精神和实践能力，落实以创业带动就业，促进高校毕业生充分就业。

2015 年 3 月，国务院办公厅印发了《关于发展众创空间推进大众创新创业的指导意见》，部署推进大众创业、万众创新工作。明确推进大众创新创业的基本原则是坚持市场导向、加强政策集成、强化开放共享、创新服务模式；重点任务是加快构建众创空间、降低创新创业门槛、鼓励科技人员和大学生创业、支持创新创业公共服务、加强财政资金引导、完善创业投融资机制、丰富创新创业活动、营造创新创业文化氛围。

2015 年 5 月，国务院办公厅印发了《关于深化高等学校创新创业教育改革的实施意见》，明确提出了高等学校创新创业教育改革的主要任务和措施，即完善人才培养质量标准、创新人才培养机制、健全创新创业教育课程体系、改革教学方法和考核方式、强化创新创业实践、改革教学和学籍管理制度、加强教师创新创业教育教学能力建设、改进学生创业指导服务、完善创新创业资金支持和政策保障体系。

2015 年 6 月，国务院印发了《关于大力推进大众创业万众创新若干政策措施的意见》，指出为改革完善相关体制机制，构建普惠性政策扶持体系，推动资金链引导创业创新链、创业创新链支持产业链、产业链带动就业链，而提出总体思路和具体措施。主要措施包括：创新体制机制，实现创业便利化；优化财税政策，强化创业扶持；搞活金融市场，实现便捷融资；扩大创业投资，支持创业起步成长；发展创业服务，构建创业生态；建设创业创新平台，增强支撑作用；激发创造活力，发展创新型创业；拓展城乡创业渠道，实现创业带动就业；加强统筹协调，完善协同机制。

2. 政策深入展开

2015 年 9 月，国务院印发了《关于加快构建大众创业万众创新支撑平台的指导意见》，明确提出：把握发展机遇，汇聚经济社会发展新动能；创新发展理念，着力打造创业创新新格局；全面推进众创，释放创业创新能量；积极推广众包，激发创业创新活力；立体实施众扶，集聚创业创新合力；稳健发展众筹，拓展创业创新融资；推进放管结合，营造宽松发展空间；完善市场环境，夯实健康发展基础；强化内部治理，塑造自律发展机制；优化政策扶持，构建持续发展环境。

2016 年 2 月，国务院办公厅印发了《关于加快众创空间发展服务实体经济转型升级的指导意见》，指出为充分调动各类创新主体的积极性和创造性，发挥科技创新的引领和驱动作用，紧密对接实体经济，有效支撑我国经济结构调整和产业转型升级，需要继续推动众创空间向纵深发展。通过龙头企业、中小微企业、科研院所、高校、创客等多方协同，打造产学研用紧密结合的众创空间，吸引更多科技人员投身科技型创新创业，促进各类创新要素的高效配置和有效集成，推进产业链创新链深度融合，不断服务创新创业的能力和水平。

2016 年 5 月，国务院办公厅印发了《关于建设大众创业万众创新示范基地的实施意见》，指出为在更大范围、更高层次、更深程度上推进大众创业万众创新，加快发展新经济、培育发展新动能、打造发展新引擎，按照政府引导、市场主导、问题导向、创新模式的原则，加快建设一批高水平的双创示范基地，扶持一批双创支撑平台，突破一批阻碍双创发展的政策障碍，形成一批可复制可推广的双创模式和典型经验。

2017 年 7 月，国务院印发了《关于强化实施创新驱动发展战略进一步推进大众创业万众创新深入发展的意见》，进一步系统性优化创新创业生态环境，强化政策供给，突破发展瓶颈，充分释放全社会创新创业潜能，在更大范围、更高层次、更深程度上推进大众创业、万众创新。

2018 年 9 月，国务院印发了《关于推动创新创业高质量发展打造“双创”升级版的意见》，要求深入实施创新驱动发展战略，通过打造“双创”升级版，进一步优化创新创业环境，大幅降低创新创业成本，提升创业带动就业能力，增强科技创新引领作用，提升支撑平台服务能力，推动形成线上线下结合、产学研用协同、大中小企业融合的创新创业格局，为加快培育发展新动能、实现更充分就业和经济高质量发展提供坚实保障。

2020 年 7 月，国务院办公厅印发了《关于提升大众创业万众创新示范基地带头作用进一步促改革稳就业强动能的实施意见》，要求深入实施创新驱动发展战略，聚焦系统集成协同高效的改革创新，聚焦更充分更高质量就业，聚焦持续增强经济发展新动能，强化政策协同，增强发展后劲，以新动能支撑保就业保市场主体，尤其是支持高校毕业生、返乡农民工等重点群体创业就业，努力把双创示范基地打造成为创业就业的重要载体、融通创新的引领标杆、精益创业的集聚平台、全球化创业的重要节点、全面创新改革的示范样本，推动我国创新创业高质量发展。

（二）相关政策解读

1. 加强创业投资

《关于大力推进大众创业万众创新若干政策措施的意见》中，国家非常明确地提出了扩大创业投资、发展创业投资服务，促进并实施四个维度的大众创业万众创新战略，加速我国经济竞争力的提升：其一，对基于国家高端科技成果的创业创新，给以财政和风险投资等金融支持，构建引领我国经济发展的高端引擎；其二，针对以发明专利为基础的创业创新，给以政府引导的风险投资支持，促使我国产业结构升级，提升产业发展竞争力；其三，基于就业的创业创新，政府给以普惠性的财税支持，促使更多的人以创业带动就业，化解人口与就业的矛盾；其四，对基于未来高端科技研究的创业创新，通过设立国际研发基金，吸引聚集世界一流的人才来一道共同研究，从源头上掌握高端科技成果研究主动权。此外，对基于国际一流科技成果的创业创新，通过设立国际化的天使投资基金，早早抓住世界一流科技成果转移的机会，创造引领世界发展的一流科技产业。

2. 优化创业环境

《关于强化实施创新驱动发展战略进一步推进大众创业万众创新深入发展的意见》从五个方面提出了 39 项措施，强化实施创新驱动发展战略，进一步推进“双创”深入发展。五个方面的主要政策措施具体如下：

一是加快科技成果转化。重点突破科技成果转化的制度障碍，保护知识产权，活跃技术交易，提升创业服务能力，优化激励机制，共享创新资源，加速科技成果向现实生产力转化。

二是拓展企业融资渠道。不断完善金融财税政策，创新金融产品，扩大信贷支持，发展创业投资，优化投入方式，破解创新创业企业融资难题。

三是促进实体经济转型升级。深入实施“互联网+”、“中国制造 2025”、军民融合发展、新一代人工智能等重大举措，着力加强创新创业平台建设，培育新兴业态，发展分享经济，以新技术、新业态、新模式改造传统产业，增强核心竞争力，实现新兴产业与传统产业协同发展。

四是完善人才流动激励机制。充分激发人才创新创业活力，改革分配机制，引进国际高层次人才，促进人才合理流动；健全保障体系，加快建设规模宏大、结构合理、素质优良的创新创业人才队伍。

五是创新政府管理方式。持续深化“放管服”改革，加大普惠性政策支持力度，改善营商环境，放宽市场准入，推进试点示范，加强文化建设，推动形成政府、企业、社会良性互动的创新创业生态。

知识小卡片

高校毕业生自主创业的优惠政策

（1）大学生创业税收优惠。持有人力资源和社会保障部门核发就业创业证的高校毕业生，在毕业年度（指毕业所在自然年，即 1 月 1 日至 12 月 31 日）内创办个体工商户、个人独资企业的，3 年内以每户每年 8 000 元为限额依次扣减其当年实际应缴纳的增值税、城市维护建设税、教育费附加和个人所得税。高校毕业生创办的小型微利企业，按国家规定享受相关税收支持政策。

（2）创业担保贷款和贴息。符合条件的大学生自主创业时，可在创业地按规定申请创业担保贷款，贷款额度为 10 万元。鼓励金融机构参照贷款基础利率，结合风险分担情况，合理确定贷款利率水平；金融机构对个人发放的创业担保贷款，在贷款基础利率基础上上浮 3 个百分点以内的，由财政给予贴息。

（3）免收有关行政事业性收费。毕业 2 年以内的普通高校毕业生从事个体经营

（除国家限制的行业外）的，自其在工商部门首次注册登记之日起 3 年内，免收管理类、登记类和证照类等有关行政事业性收费。

（4）享受培训补贴。大学生创办的小微企业新招用毕业年度高校毕业生，签订 1 年以上劳动合同并缴纳社会保险费的，给予 1 年社会保险补贴。对在毕业学年（即从毕业前一年 7 月 1 日起算的 12 个月）内参加创业培训的大学生，根据其获得的创业培训合格证书或就业、创业情况，按规定给予培训补贴。

（5）免费创业服务。有创业意愿的大学生，可免费获得公共就业和人才服务机构提供的创业指导服务，包括政策咨询、信息服务、项目开发、风险评估、开业指导、融资服务、跟踪扶持等“一条龙”创业服务。各地在充分发挥各类创业孵化基地作用的基础上，因地制宜地建设一批大学生创业孵化基地，并给予相关政策扶持。对基地内大学生创业企业要提供培训和指导服务，落实扶持政策，努力提高创业成功率，延长企业存活期。

（6）取消高校毕业生落户限制。高校毕业生可在创业地办理落户手续（直辖市按有关规定执行）。

资料来源：http://www.moe.gov.cn/jyb_xwfb/xw_zt/moe_357/jyzt_2018n/2018_zt24/2018_zt24_zzcy/201812/t20181204_362360.html.

二、创业支撑平台

（一）推进“四众”持续健康发展

“四众”是众创、众包、众扶、众筹的统称。

众创，即汇众智搞创新，通过创业创新服务平台聚集全社会各类创新资源，大幅降低创业创新成本，使每一个具有科学思维和创新能力的人都可参与创新，形成大众创造、释放众智的新局面。

众包，即汇众力增就业，借助互联网等手段，将传统由特定企业和机构完成的任务向自愿参与的所有企业和个人进行分包，最大限度利用大众的力量，以更高的效率、更低的成本满足生产及生活服务需求，促进生产方式变革，开拓集智创新、便捷创业、灵活就业的新途径。

众扶，即汇众能助创业，通过政府和公益机构支持、企业帮扶援助、个人互助互扶等多种方式，共助小微企业和创业者成长，构建创业创新发展的良好生态。

众筹，即汇众资促发展，通过互联网平台向社会募集资金，灵活高效满足企业产品开发、企业发展的融资需求，有效增加传统金融体系服务小微企业的新功能，拓展创业创新投融资新渠道。

2015 年，为加快构建大众创业万众创新的支撑平台，国务院出台了《关于加快构建大众创业万众创新支撑平台的指导意见》，首次提出众创、众包、众扶、众筹“四众”的概念，并对加快构建大众创业万众创新支撑平台、推进“四众”持续健康发展提出了以下意见。

1. 全面推进众创，释放创业创新能量

（1）大力发展专业空间众创。鼓励各类科技园、孵化器、创业基地、农民工返乡创业园等加快与互联网融合创新，打造线上线下相结合的大众创业万众创新载体。鼓励各类线上虚拟众创空间发展，为创业创新者提供跨行业、跨学科、跨地域的线上交流和资源链接服务。鼓励创客空间、创业咖啡、创新工场等新型众创空间发展，推动基于“互联网+”的创业创新活动加速发展。

（2）鼓励推进网络平台众创。鼓励大型互联网企业、行业领军企业通过网络平台向各类创业创新主体开放技术、开发、营销、推广等资源；鼓励各类电子商务平台为小微企业和创业者提供支撑，降低创业门槛；加强创业创新资源共享与合作，促进创新成果及时转化，构建开放式创业创新体系。

（3）培育壮大企业内部众创。通过企业内部资源平台化，积极培育内部创客文化，激发员工创造力；鼓励大中型企业通过投资员工创业开拓新的业务领域、开发创新产品，提升市场适应能力和创新能力；鼓励企业建立健全股权激励机制，突破管理瓶颈，形成持续的创新动力。

2. 积极推广众包，激发创业创新活力

（1）广泛应用研发创意众包。鼓励企业与研发机构等通过网络平台将部分设计、研发任务分发和交付，促进成本降低和提质增效，推动产品技术的跨学科融合创新。鼓励企业通过网络社区等形式广泛征集用户创意，促进产品规划与市场需求无缝对接，实现万众创新与企业发展相互促进。鼓励中国服务外包示范城市、技术先进型服务企业和服务外包重点联系企业积极应用众包模式。

（2）大力实施制造运维众包。支持有能力的大中型制造企业通过互联网众包平台聚集跨区域标准化产能，满足大规模标准化产品订单的制造需求。结合深化国有企业改革，

鼓励采用众包模式促进生产方式变革。鼓励中小制造企业通过众包模式构筑产品服务运维体系，提升用户体验，降低运维成本。

（3）加快推广知识内容众包。支持百科、视频等开放式平台积极通过众包实现知识内容的创造、更新和汇集，引导有能力、有条件的个人和企业积极参与，形成大众智慧集聚共享新模式。

（4）鼓励发展生活服务众包。推动交通出行、无车承运物流、快件投递、旅游、医疗、教育等领域生活服务众包，利用互联网技术高效对接供需信息，优化传统生活服务行业的组织运营模式。推动整合利用分散闲置社会资源的分享经济新型服务模式，打造人民群众广泛参与、互助互利的服务生态圈。发展以社区生活服务业为核心的电子商务服务平台，拓展服务性网络消费领域。

3．立体实施众扶，集聚创业创新合力

（1）积极推动社会公共众扶。加快公共科技资源和信息资源开放共享，提高各类公益事业机构、创新平台和基地的服务能力，推动高校和科研院所向小微企业和创业者开放科研设施，降低大众创业、万众创新的成本。鼓励行业协会、产业联盟等行业组织和第三方服务机构加强对小微企业和创业者的支持。

（2）鼓励倡导企业分享众扶。鼓励大中型企业通过生产协作、开放平台、共享资源、开放标准等方式，带动上下游小微企业和创业者发展。鼓励有条件的企业依法合规发起或参与设立公益性创业基金，开展创业培训和指导，履行企业社会责任。鼓励技术领先企业向标准化组织、产业联盟等贡献基础性专利或技术资源，推动产业链协同创新。

（3）大力支持公众互助众扶。支持开源社区、开发者社群、资源共享平台、捐赠平台、创业沙龙等各类互助平台发展。鼓励成功企业家以天使投资、慈善、指导帮扶等方式支持创业者创业。鼓励通过网络平台、线下社区、公益组织等途径扶助大众创业就业，促进互助互扶，营造深入人心、氛围浓厚的众扶文化。

4．稳健发展众筹，拓展创业创新融资

（1）积极开展实物众筹。鼓励消费电子、智能家居、健康设备、特色农产品等创新产品开展实物众筹，支持艺术、出版、影视等创意项目在加强内容管理的同时，依法开展实物众筹。积极发挥实物众筹的资金筹集、创意展示、价值发现、市场接受度检验等功能，帮助将创新创意付诸实践，提供快速、便捷、普惠化服务。

（2）稳步推进股权众筹。充分发挥股权众筹作为传统股权融资方式有益补充的作用，增强金融服务小微企业和创业创新者的能力。稳步推进股权众筹融资试点，鼓励小微企业

和创业者通过股权众筹融资方式募集早期股本。对投资者实行分类管理，切实保护投资者合法权益，防范金融风险。

（3）规范发展网络借贷。鼓励互联网企业依法合规设立网络借贷平台，为投融资双方提供借贷信息交互、撮合、资信评估等服务。积极运用互联网技术优势构建风险控制体系，破解信息不对称问题，防范风险。

（二）创业平台介绍

1. 创业咖啡

（1）车库咖啡：即“北京创业之路咖啡有限公司”，它是全球第一家创业主题的咖啡厅，2011 年 4 月在北京中关村创立。“点一杯咖啡，创业的梦想也许就会实现”“创业者的乌托邦”“草根创业者之家”是车库咖啡的标签。在这里，有人带来了技术，有人带来了想法，有人找到了资金，有人找到了团队。一方面，车库咖啡为创业企业提供一站式投融资综合解决方案，帮助项目方迅速融资，同时提供创业辅导、资源对接、宣传报道等优质增值服务；另一方面，车库咖啡帮助投资人快速发现好项目，为投资人的领投、跟投、资源输出、经验输出等提供依据，并推动多层次的投资人群体协作发展。可以说，车库咖啡是创业者碰撞灵感、发现资源的平台，也是投资人的项目库。

（2）3W 咖啡：2010 年 11 月在北京中关村创立，是由一群热爱互联网、致力于行业交流、酷爱咖啡的互联网人士通过微博发起，由百名互联网资深人士热烈响应和支持的互联网主题馆，是国内首家众筹咖啡馆。3W 咖啡的主旨是为互联网人士提供一个开放、专业、休闲的交流场所和沟通平台，其工作目标是展现日新月异的创意产业、提高企业竞争力和影响力、繁荣互联网文化、增进业界交流和促进行业发展。

（3）“一八九八”咖啡馆：2013 年 11 月由北京大学 200 位校友企业家、创业者依托北京大学校友创业联合会联合创建，是国内首家校友创业主题咖啡馆。“一八九八”咖啡馆旨在通过联结学校、校友和社会，聚集多方资源，为更多处于成长中的创业校友服务。

从 2012 年开始，一些创业咖啡平台陆续在大学区或软件园等地涌现。2015 年以后，创业咖啡成为高校内部最为流行的一种众创空间，受到了高校学生的热切追捧。大学生在创业咖啡这个专业场所中，可以畅谈学习、生活、工作和投资。于是，创业咖啡逐步成为大学生创业者的集聚地。

2. 众创空间

2015 年国务院办公厅《关于发展众创空间推进大众创新创业的指导意见》出台后，科

技部组织认定了若干国家级众创空间、国家专业化众创空间，各地科技厅组织认定了若干省级众创空间，各地科技局组织认定了市级众创空间。

众创空间是指顺应“创新 2.0”（即信息时代、知识社会的创新形态）时代用户创新、开放创新、协同创新、大众创新的趋势，把握全球创客浪潮兴起的机遇，依托互联网应用，适应“创新 2.0”环境与网络时代创新创业特点和需求，通过市场化机制、社会化运作、专业化服务和资本化途径构建的低成本、便利化、全要素、开放式的新型创业服务平台的统称。

众创空间不仅能为创新创业者提供创业活动的聚集交流空间，而且能按需提供个性化的创业增值服务。众创空间的功能特点如下。

（1）低成本与开放性。众创空间面向所有公众群体开放，采用部分服务免费、部分收费，或者会员服务的制度，为创新创业者提供成本相对较低的成长环境。

（2）互助与协同性。众创空间通过沙龙、训练营、培训、大赛等活动促进创新创业者之间的交流和圈子的建立，通过共同的办公环境促进创新创业者之间的互帮互助、相互启发、资源共享，从而达到协同进步的目的。

（3）共享性。共享性体现在团队与人才结合、创新与创业结合、线上与线下结合、孵化和投资结合四个方面。

（4）便利化。众创空间通过提供场地、举办活动，为创新创业者的产品展示、观点分享和项目路演等提供便利。此外，还能向创业企业提供其在萌芽期和成长期的相应服务，如金融服务、工商注册、法律咨询、补贴政策申请等，帮助其健康而快速地成长。

（5）“全要素”创新。提供创新创业活动所需要的材料、设备、设施，以及创意、创新创业方案等“全要素”创新创业服务。

3．创业孵化器

创业孵化器是指为创业企业提供办公场地、设备、创业指导和资金的企业。创业孵化器具有行业或专业特色，能够整合外部专业资源，为在孵企业提供管理、资源、策划等专业化服务，帮助在孵企业快速成长。

（1）创业孵化器的类型。创业孵化器分为托管型和策划型两种。其中，托管型孵化器面向适用的人群为初次创业者或高科技与互联网创业者。其提供的典型服务一般包括免费或付费的办公场地、定期的创业培训、项目路演培训、投资人对接等。托管型孵化器为创业者提供企业生存的基础设施，使创业者可以全身心投入到产品的设计和研发中。

例如，很多大学为支持大学生创业，都建立了创业园区，创业园区以极低的价格将工位租给大学生创业者。这种创业园区是典型的有政府支持的托管型孵化器。此外，还有很多企业家、投资人为了支持创业、孵化优质的高科技与互联网项目，成立了私营的托管型孵化器，如联想旗下的联想之星创业孵化基地等。

托管型孵化器为有想法的年轻人提供了良好的创业平台。创业企业进入平台之后，可以借助平台的资源快速度过婴儿期，并有机会获得投资，不断发展壮大。

策划型孵化器一般依托于大型的咨询策划公司，适用人群为有一定经济基础的传统中小微企业。入驻策划型孵化器的企业可以分为两类：一类是在初创阶段因找不到合适的商业模式而需要进行资源对接的企业；另一类是由于发展遇到瓶颈而需要转型的企业。这些企业的创建者往往“身怀绝技”，在某一领域内拥有一定的人脉、技术等资源，常由于受行业的限制或者未能及时顺应时代的潮流而陷入困境。

策划型孵化器凭借其多年的企业服务经验，为创业企业提供一对一的咨询服务，并可用自有基金对创业企业直接投资，或者帮助创业企业对接外部投资机构。其孵化的项目通常质量高，具有较高的投资价值。同时，策划型孵化器常以企业联盟的形式搭建企业资源平台，共享孵化器的资本、咨询和人脉等资源。

（2）创业孵化器运营模式。创业孵化器运营模式主要有技术转移型、技术服务型、产业链型和投融资型四大类，其特点如下：

技术转移型运营模式以技术转移为特色，并辅以投融资功能，能发挥服务联盟的优势，加强产学研的紧密结合。这种运营模式下的创业孵化器主要依托大学、科研院所而建立，目的是将自身的科技成果进行转化。

技术服务型运营模式是指孵化器根据在孵企业的技术需求，建立专业技术平台，为在孵企业提供测试、化验、技术培训等多种技术服务。在这类运营模式下的孵化器中，专业技术平台发挥了非常突出的作用。

产业链型运营模式是指孵化器依托大公司的背景资源，对某个技术领域内的上下游资源进行整合，进而实现对研发、中试（产品正式投产前的试验）、生产、销售等整个产业链的孵化。这种孵化模式基本锁定了在孵企业的市场风险，有利于在孵企业快速打通产业化通道。

投融资型运营模式以投融资为主要服务内容，同时辅以一定的专业技术平台，主要在若干技术领域内投资，具有很强的专业性。

上述四种运营模式并不是孤立存在的，有的创业孵化器可能同时采用两种以上运营模式，如综合孵化器。

4. 创业集市

创业集市是指在相对开放的空间里举办创业交流活动，并免费提供展位，以供创业者参展的一种活动。在创业集市中，创业者可以展示创意作品，交易创业商品，开展创业沙龙、创业项目路演，进行创业培训、投融资对接等活动。创业集市可由政府、高校、创业服务企业等举办。

5. 产业园区

产业园区是指由政府或企业为实现产业发展目标而创建的特殊区位环境。它能够有效地聚集创造力，通过共享资源和克服外部负面效应，带动关联产业的发展，从而有效推动产业集群的形成。产业园区的类型十分丰富，常见的有高新技术开发区、经济技术开发区、科技园区、工业园区、金融后台、文化创意产业园区、物流产业园区，以及近年来各地陆续出现的产业新城、科技新城等。

案例研讨

致力于机器人研发和创客教育推广的创业者卫小学

卫小学，1997 年就读于成都市温江区燎原职业技术学校电子专业，后来参加高考并进入大学学习。他是一名“80 后”创业者，从一名创客转变成一位拥有多家公司的企业家。

卫小学从小就是一名创客，喜欢动手制作各种玩具，对创造发明具有浓厚的兴趣。上学期间，他和同班同学庄某都热爱机器人技术，共同的爱好让两人迅速成了好友。他们经常浏览关于机器人的网站，了解机器人领域的一些新技术和新理念，并与全国各地的机器人爱好者进行交流。卫小学和庄某在读书及工作期间不断学习，共同设计、创作了一些科技产品并在网上销售。销售的成功极大地激发了他们的创新热情，使他们对科技产品的研究更加乐此不疲。就这样，卫小学成为一名研发、制作科技产品的创客。创客经历为他的后续创业打下了坚实基础。

2008 年，卫小学等四人成立了第一家公司——北京龙凡汇众机器人科技有限公司，该公司主营机器人和自动化相关产品。2010 年，他们投资 50 万元，注册了上海智位机器人股份有限公司，并将它作为总公司，将北京龙凡汇众机器人科技有限公司作为销售子公司。为了加强产品的研发和生产，他们于 2011 年成立了成都极趣科技有限公司，作为总公司的生产基地，由卫小学任总经理，负责该公司的运营管理。成都极趣科技有限公司专注于硬件、机器人配件、3D打印机等产品的研发与生产，以及创客文化的推广。

卫小学与其合作者创建的公司非常关注科技动态，只要国内外出现了新的技术，他们就积极学习、消化、创新，将新技术应用于自己的产品，同时也积极研发新技术，研制新产品，并注重知识产权保护。此外，他们积极联系北京多所高等院校，为各院校定制机器人教学设备平台，并与大学教授合作研发新产品，这使他们的公司驶入了科技发展的快车道。

回顾卫小学的成长历程，他的创业能力首先得益于他的兴趣爱好，其次得益于他良好的学习能力。如今作为企业家的他还在不断学习新的知识和技术，他说："像我们这种技术型企业，如果不学习就会跟不上时代的发展，因此必须活到老，学到老。"当然，在卫小学的创业能力中，最核心的还是他的创新能力。在校期间，他就是一位爱提问题的学生，时常有一些新奇的想法。后来，他在《机器人爱好者》的网站上与天南海北的人共同探讨、学习，创作科技创新产品并在网上销售，并成为一名创客。这都是他积极培养自身创新能力的表现。由此可见，要想具备创新能力，不仅需要积累知识，更需要用发现的眼光和创新的智慧去努力开拓。

资料来源：王涛，严光玉，刘丽华．创新创业实践能力训练［M］．上海：上海交通大学出版社，2016.

研讨问题：创客与创业者有什么区别与联系？卫小学从创客转变为企业家的过程带给你什么启示？

国家创业政策

毕业生自主创业政策

第三节　明辨创业机会与风险

一、创业机会

创业机会是指在社会经济活动过程中产生的一种带有偶然性且能被经营者认识和利用的契机。

（一）创业机会的特征

（1）普遍性。凡是有市场、有经营活动的地方，就存在着创业机会。创业机会普遍存在于各种经营活动过程之中。

（2）偶然性。对于一个创业者来说，创业机会的发现和捕捉带有很大的不确定性，任何创业机会的产生都有“意外”性。

（3）消逝性。创业机会存在于一定的时空范围之内，随着促使创业机会产生的客观条件的变化，创业机会可能会转瞬即逝。

（二）创业机会的分类

1．按创业机会的来源分类

按创业机会的来源的不同，创业机会可分为问题型机会、趋势型机会和组合型机会。

（1）问题型机会是指由现存的未解决的问题所带来的创业机会。问题型机会在人们的日常生活和实践中大量存在，需要创业者用心发掘。例如，面对“最后一千米”（即从轨道交通站点或公交站点到家庭住址的一段路程）交通不便利的现实问题，有人从中发现了共享单车的创业机会，有人从中发现了网约车定点接驳的创业机会。

（2）趋势型机会是指通过分析未来的发展趋势，从中发现有潜力的创业机会。这种机会通常产生于重要领域改革和时代变迁的过程中。

（3）组合型机会是指将现有的两项以上的技术、产品、服务等因素组合起来，创造新价值，形成新优势的创业机会。

2．按目的与手段关系的明确程度分类

按目的与手段关系明确程度的不同，创业机会可分为识别型机会、发现型机会和创造型机会三种。

（1）识别型机会是指当市场中目的与手段关系十分明确时，创业者可通过目的与手段的关系来识别的创业机会。例如，当商品供求不协调时，市场上就会出现大量的创业机会，创业者可以通过分析商品供求状况来寻找满足市场需求的机会。常见的问题型机会大多属于这一类型。

（2）发现型机会是指当目的或手段未知时，等待创业者去发掘的机会。例如，当一项技术被开发出来而尚未用于具体的商业化产品时，创业者需要通过不断尝试来挖掘这项技术的市场机会。

（3）创造型机会是指当目的和手段皆不明确时，创业者比他人更具先见之明，主动创造出的有价值的市场机会。

知识小卡片

在商业实践中，识别型、发现型和创造型三类创业机会可能同时存在。一般来说，识别型机会多处于供求尚未均衡的市场，创新的空间较小。这类机会并不需要太复杂的辨别过程，创业者只要拥有较多的资源，就可以较快进入市场。

相对而言，把握创造型机会比较困难，它依赖于新目的与新手段之间的关系，要求创业者具有创造性的资源整合能力与敏锐的洞察力，同时还必须承担巨大的风险，而创业者拥有的专业技术、信息、资源等往往都相当有限且其风险承担能力也有限。

在现实生活中，由于大多数创业者拥有的资源有限，抗风险能力不高，因此，大多数创业者都是利用发现型机会去创业的。

（三）创业机会的识别

1. 影响识别创业机会的因素

对于创业者来说，发现真正的创业机会，并成功地抓住和利用它，会受到许多因素的影响。其中，主要的影响因素有：

（1）先前经验。在特定的产业中，先前经验有助于创业者识别机会。一个投身于某产业的创业者，往往比那些产业外的人更容易识别产业内的新机会。

（2）认知因素。在某个领域拥有更多知识的人比其他人更容易识别该领域内的机会。例如，计算机工程师比律师更容易察觉计算机产业内的机会。

（3）社会关系网络。个人社会关系网络的深度和广度会影响机会识别。社会关系网络较广的人比那些社会关系网络较窄的人更容易得到好的机会和创意。一项针对 65 家创业企业的调查显示，半数创业者是通过社会关系得到他们的创业机会的。

（4）创造性。从某种程度上讲，机会识别是一个创造过程，是不断进行创造性思维的过程。具有创造性思维的人更容易发现创业机会。

2. 创业机会的识别方法

创业者可以通过多种方法识别创业机会。这里主要归纳几种较为常用的方法。

（1）通过系统分析发现创业机会。多数创业机会可以由创业者通过系统分析来识别。创业者可以从企业的宏观环境（政治、经济、法律、技术变革等方面）和微观环境（顾客、竞争对手、供应商等）的变化中识别创业机会。借助于市场调研，从环境变化中挖掘机会，是机会识别的一般规律。

（2）通过问题分析和消费者建议发现创业机会。对创业者来说，通过分析现存问题，往往能发现一些创业机会。另外，很多创业机会都是由消费者识别出来的，因为他们知道自己需要什么。也就是说，消费者的建议可为创业者提供创业机会。因此，创业者应多关注还未解决的问题和消费者建议，以便从中识别创业机会。

课堂互动

假如你所在的社区存在以下问题，你能从这些问题中识别哪些创业机会？

（1）附近没有令人感到舒适且适合与朋友会面的休闲咖啡厅。

（2）附近的餐厅较多，但菜品、服务相似，没有特色。

（3）社区服务不健全，在离家近的菜场里，蔬菜种类少，价格高。离家远的地方虽有一个综合性的蔬菜零售市场，且市场里的蔬菜种类多，价格低，但坐车需要花费大约 20 分钟。

（4）在附近的玩具店里，玩具品种比较少，顾客选择的余地不大。

（3）通过创造获得创业机会。这种方法在新技术行业中最为常见。例如，在满足现有的市场需求后，创业者积极探索新技术及其商业价值，在探索过程中也可能发现新的创业机会。通过创造获得创业机会的方法比其他方法的难度都大，风险也更高，但通过这种方法获得的创业机会所带来的回报也更大。

（四）创业机会的把握

1. 把握创业机会的原则

（1）抢占先机。机会总是眷顾那些积极主动的人。创业者必须学会主动抓住并利用创业机会。

（2）避免从众。很多人在做同一件事的时候，便会产生竞争而不是机会。所以，创业者要抛弃从众心理，选择与众不同的创业机会。

（3）量力而行。在选择创业项目时，创业者应尽可能地选择与自己经济能力相匹配的创业项目。

（4）智勇双全。10 个创业机会中可能有 9 个是不容易带来成功的，创业者一定要利用自己的智慧谨慎抉择，且一旦决定，就不要害怕失败。如果因害怕失败而不去尝试，就可能错失好的创业机会。

2. 把握创业机会的方法

（1）慎重考虑。任何创业都有风险。所以，创业者在创业之前要慎重考虑，客观评估创业机会，在全面了解外部环境和自身条件的情况下，选择最适合自己的创业机会，以最大限度地避免创业失败的风险。

（2）果断决策。当创业机会出现的时候，创业者必须当机立断，尽最大努力抓住这个机会，以免错失良机。

（3）意志坚定。意志坚定是指做事执着，坚持不懈。并非所有创业机会都能被轻易地抓住和利用，也并非所有的创业机会都能让创业者获得成功。创业者应当积极把握和充分利用自己所选择的创业机会，用坚定的信念和坚强的意志克服困难。即使失败了，也不要退缩，而应从失败中吸取教训，总结经验，然后寻找下一个创业机会，直到创业成功。

二、创业风险

创业风险是指在创业过程中，由创业环境的不确定性，创业机会与企业经营的复杂性，以及创业者、创业团队能力的局限性，所导致的创业活动偏离预期目标的可能性及后果。

（一）创业风险的来源

1. 资金风险

资金风险是指由于各种难以预料或无法控制的因素，创业企业的资金实际收益小于预期收益的可能性及后果。对创业所需资金估计不足、创业资金筹措不及时、财务结构不合理、融资不当、现金流管理不力等，都可能导致创业企业预期收益下降，引发一定的资金风险。一旦流动资金不足，企业就会遇到运营困难，甚至会破产倒闭。

2. 竞争风险

一旦选择创业，创业者就应深入思考如何参与竞争的问题。如果创业者选择的是一个竞争非常激烈的领域，那么创业企业极有可能受到同行的强烈排挤。例如，一些大企业为了吞并或挤垮小企业，通常会采用低价销售的手段展开竞争。对大企业来说，由于规模较大、实力雄厚，短时间的降价并不会对其造成致命的伤害，而对创业企业而言，竞争对手的低价销售策略则可能是灭顶之灾。

3. 技术风险

技术风险是指由技术方面的因素及其变化的不确定性所导致的创业失败的可能性。技术研发、技术前景、技术寿命、技术效果和技术成果转化的不确定性等，都可能带来技术风险。

4. 市场风险

市场风险是指由市场情况的不确定性所导致的创业者失败的可能性。市场供给和需求的变化、市场对产品的接受度和接受时间的不确定性、市场价格变化、市场利率变动、市场战略失误等都可能给创业活动带来一定的市场风险。

5. 团队风险

现代企业越来越重视团队的力量。创业团队能通过协同合作使创业企业发展壮大，但是，一旦创业团队的核心成员在决策问题和协作问题上产生分歧，企业发展就可能受到强烈的冲击。此外，创业团队在股权、利润分配等相关问题上不能达成一致时，企业发展也容易受到冲击。

课堂互动

“创业有风险，青年大学生应不应该创业呢？”请同学们就此问题展开讨论。

（二）创业风险管理

1．风险识别

风险识别是指在风险事件发生之前，风险管理人员在搜集资料和调查研究的基础上，运用各种方法对尚未发生的潜在风险进行系统归类和全面识别的过程。其任务是查明各种不确定性因素和风险来源，预估各种风险事件的可能后果，确定哪些因素可能对创业构成威胁，哪些因素可能带来机会，从而为风险管理做好准备。

风险识别的具体方法主要有以下几种：

（1）业务流程法。按创业企业经营过程的内在逻辑制作流程图，并针对流程中的关键环节和薄弱环节进行调查分析，找出可能存在的风险，进而分析该风险存在的原因和可能造成的损失。

（2）咨询法。委托咨询公司或保险代理人对创业企业进行风险调查和识别，由其提出风险管理方案，供创业者参考。

（3）现场观察法。通过直接观察创业企业的各种生产经营设施和具体业务活动，了解和分析企业面临的各种风险。

（4）财务报表法。通过分析资产负债表、损益表和现金流量表等报表中的会计科目，确定创业企业在何种情况下会有何种损失及其成因。由于每个企业的经营活动都涉及商品和资金，而财务报表可集中反映商品和资金的流转情况，所以用财务报表法分析企业风险比较客观、准确。

2．风险评估

风险评估是指在风险识别的基础上，对可能发生的某类风险进行预计、度量等。在这一阶段，创业者可先按照相关风险的发生概率，评估出大概率风险、一般风险和小概率风险，同时对风险事件可能带来的损失规模进行分析，以使风险分析科学化。然后，综合考虑风险事件的发生概率、损失程度与其他综合因素，并比较风险管理所需支付的费用，进而决定是否需要采取风险控制措施及控制措施实施到什么程度，从而为风险决策提供可靠的依据。

3．风险防范

进行风险评估之后，若认为某类风险会给企业带来较大的损失，则可以针对该类风险采取相应的防范措施。

（1）财务风险的防范。创业者可通过以下措施来防范财务风险：① 对创业所需资金进行合理估计，避免筹资问题影响企业的健康成长和后续发展；② 为创业企业建立信用，以提高成功筹集资金的概率；③ 正确权衡企业的长远发展和当前利益，设置合理的财务结构，从恰当的渠道获得资金；④ 妥善管理现金流，避免现金断流，进而造成财务拮据甚至破产清算的局面。

（2）竞争风险的防范。创业者可通过以下措施防范竞争风险：① 回归产品本身，提高产品质量，丰富产品种类；② 关注竞争对手的动向和用户需求，找到竞争对手的弱点，据此找到市场竞争的突破口，进而为用户提供独一无二的产品。

（3）技术风险的防范。创业者可通过以下措施防范技术风险：① 加强技术创新方案的可行性论证，减少技术开发与技术选择的盲目性，建立灵敏的信息预警系统，以便及时预防技术风险；② 通过组建技术联合开发体或建立创新联盟等方式，减少技术风险发生的可能性；③ 高度重视专利申请、技术标准申请等，通过法律手段降低技术风险出现的可能性。

（4）市场风险的防范。创业者可通过以下措施防范市场风险：① 以市场为导向，以消费者的需求为出发点，有针对性地组织生产；② 时刻关注市场变化，及时规避市场不利因素的影响；③ 广泛收集市场信息，并加以分析和比较，进而制定有效的市场营销策略；④ 摸清竞争对手的底细，分析其营销思路并找出其弱点，据此调整自己的营销思路，规避市场风险；⑤ 对各种成本精打细算，杜绝不必要的开销；⑥ 建立健全符合自身产品特点的销售网络；⑦ 讲究诚信，以良好的售后服务赢得客户的青睐。

（5）团队风险的防范。创业者可通过以下措施防范团队风险：① 严格筛选创业团队成员；② 构建团队的共同价值观和愿景，让所有团队成员就“创业使命”“共同目标”等关键命题达成共识，并用这些共识指导团队成员的言行；③ 制定团队管理制度，规范团队纪律，用良好的制度和纪律来约束团队成员。

案例研讨

出师未捷　欠债百万

还没有毕业就负债近百万元？上海市第二中级人民法院对上海某高校学生秦坚民（化名）下达了一纸判决书，判令秦坚民负连带赔偿责任，赔偿原告 95 万元。近百万元的债务就这样板上钉钉地摆在他的面前。据悉，这是近年来创业大学生遭遇的最重大的挫折之一。

2003年，秦坚民还是一名大四学生。他想为就业积累经验，便四处寻找实践机会。当时恰逢中国联通网络通信集团有限公司（以下简称“联通公司”）的CDMA（无线网络中的一种多路访问模式）扩张时期，联通公司与上海某通信工程设备有限公司（以下简称“通信公司”）签订了销售代理协议，代理商通信公司将通过直销方式在校园里发展CDMA手机套餐业务用户。

代理商经营这一业务时能获得不菲的酬金，且每销售一台手机，能获得700元的补贴款。获取这一信息后，秦坚民动心了，他决定尝试一下。根据联通公司的要求，开展这一业务的代理商必须有公司资格。于是，秦坚民找到了上海某科技咨询有限公司（以下简称“科技公司”），并以该公司委托人的名义与通信公司签订了协议，拿下了CDMA手机套餐代理业务，在高校师生中发展CDMA客户。

为尽快拓展校园市场，秦坚民邀请同学做他的助手，开始了他第一次创业。吸引他成为校园代理商的一个重要因素，就是联通公司提供的优厚条件。根据签订的《CDMA校园卡集团用户销售协议书》（以下简称《协议书》），秦坚民可以以优惠的价格向大学校园内的客户销售CDMA手机，要求客户购买联通公司UIM卡（一种智能手机卡），入CDMA网，并至少使用两年。秦坚民每发展一个客户，根据不同的业务种类，可以获得手机补贴费、业务酬金等，收入不菲。

高额回报和急于求成的心理让秦坚民忽略了《协议书》中一个重要细节。《协议书》规定，所发展的客户必须凭学生证、教师证的原件和复印件才能购买CDMA的手机套餐业务，而外地生源的学生还必须提供学校的担保证明。也就是说，严格的身份认证是开展联通公司代理业务的关键，一旦发现有恶意登记的“黑户”存在，秦坚民就需要负相应的法律责任。

秦坚民和他的助手们似乎不太在意身份认证这个问题，他们在自己的学校里以直销形式发展客户，生意出奇的好。一开始，他们还像模像样地查看、登记业务申请者的学生证和教师证，但后来这道程序就成了摆设。很多社会人员得知校园里有便宜手机出售之后，便趋之若鹜。他们中的一部分人别有居心地用假的身份证件或他人遗失的身份证购买CDMA手机套餐业务，秦坚民和助手们却无暇审查身份。这种做法为其代理业务的开展埋下了祸根。

在仅仅两个月的时间内，秦坚民就发展了4 196个客户，而其中有1 000多个客户是冒牌“校园客户”。在这些客户中，无主户、不良用户和虚假用户有440多个，他们大肆拖欠话费。中国联通上海分公司无法通过身份登记信息寻找到这些客户，遭受损失 100 万元。因此，通信公司将秦坚民和科技公司告上了法庭。随后，上海市第二中级人民法院判令秦坚民连带赔偿 95 万元。于是，秦坚民还没有踏上工作岗位，便背负了近百万元债务。

《上海商报》的郁先生指出，在市场经济体制下，任何一单生意、任何一项经济活动都隐藏着风险，既可带来成功的希望，也可带来失败的可能。其成功取决于该单生意或该项经济活动责任人精准的事先判断、谨慎周到的运营和灵活应变的决断，同时也会受一些不可预测因素的影响。在公正公平的市场法则下，不论创业结果如何，责任人都要承担后果，这是市场经济所要求的。秦坚民的教训值得青年学生吸取。

资料来源：http://news.sohu.com/20060423/n242946400.shtml.

研讨问题：如何看待创业活动中存在的风险？秦坚民的创业经历带给你怎样的启示？

如何看待创业风险？

创业微电影——《高秋月的创业之路》

课后思考

（1）搜集当地的创新创业优惠政策，从中筛选出创业大学生可能用到的优惠政策。

（2）结合自身体会，谈谈自己对培养创新思维能力的理解。

（3）假设你要开一个微店（移动社交电商模式），你认为销售哪些与众不同的产品，选用哪种营销方式，才能让自己的微店在激烈的市场竞争中脱颖而出？

（4）全班学生按照兴趣分为若干小组，各小组通过头脑风暴活动挖掘尽可能多的创意，从创意中发掘若干创业机会，并对创业机会进行分析评估。

（5）假设你和你的朋友合伙创办了一个咨询公司。在经营过程中，你们俩在管理和营销决策方面经常产生分歧。由于两人意见经常不一致，矛盾越来越尖锐，你的合伙人经常不来公司，独自在外揽项目，且不通过公司的账户收取账款。面对这一问题，你会如何解决？

第五章　创业启动

学习目标

知识目标：了解创业团队的类型与构成要素，知道如何组建和管理创业团队；掌握商业模式设计的思路与方法，以及创业计划的制订方法；熟知创业过程中创业资源的识别、获取、整合及利用。

能力目标：能够组建和管理创业团队；能够设计具体的商业模式、编写创业计划书；能够获取、整合并利用创业资源。

素质目标：具备成为创业团队优秀领导者的基本素质。

主要内容

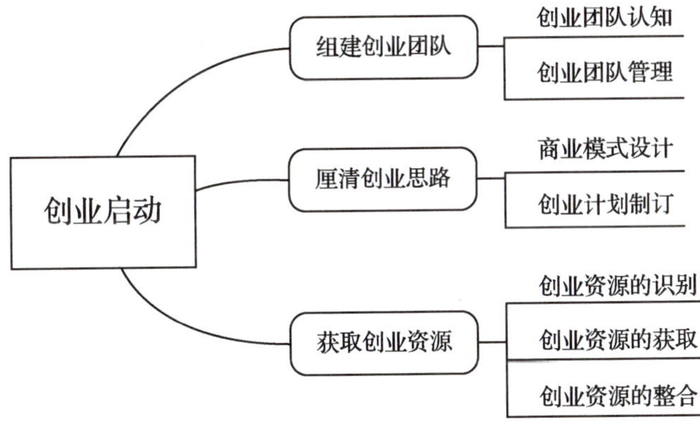

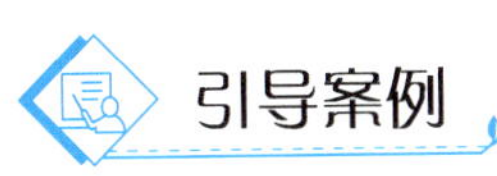

引导案例

三位“90后”演绎长春版“中国合伙人”

影片《中国合伙人》讲述了三个年轻人因为拥有同样的梦想而一起打拼事业，共同创办英语培训学校，最后功成名就实现梦想的故事。在长春，有三个“90后”也演绎了“中国合伙人”式的故事。

郑某，女，1991年生；小宿，男，1993年生；刘某，男，1991年生。他们三人中郑某有过在世界500强企业工作的经历，而另外两名男孩则有过海外求学经历。郑某跟小宿是多年的好朋友，而小宿和刘某则是同学，创业前他们经常小聚。“跟他们俩接触，我思想转变挺大的，”郑某坦言，“以前做事情总是先考虑赚钱，但和小宿、刘某聊天，他们说的都是‘回馈社会’‘改变世界’这些让人激情澎湃的话题。”

三个人都有着共同的创业梦，于是合伙成立了一家科技公司。

创业之初，生意陷入困境

创业之初，他们有着共同的想法：把国外先进的技术带回国，再通过创新生产出真正有价值的产品。他们研发的第一款产品是车载健康枕，过程中遇到的首要问题是资金短缺。三个人倾囊而出，凑了近40万元，作为公司的启动资金。没想到，在第一批产品投入生产之前，钱就用完了。三个人再凑，两个男孩去跟朋友借钱，郑某则把房子抵押给银行去贷款。他们想的是：产品上市之后，两三个月资金就能回笼，借的钱就可以还上了。

但健康枕上市之后，销量跟他们想象的差很远，价格也达不到预期。产品销不出去，资金全压在里面，他们顿时陷入了困境。“我们三个真想坐在地上哭啊！”郑某说，“我们在一起喝了三天的酒，把我爸的一桶10斤的酒全喝光了。”发泄完之后，三个人又重新上路。“从没动摇过，我们在一起聊的都是总结经验，研究怎么把东西卖出去。”郑某说。

生意不错，感情也很好

“哥们儿式合伙，仇人式散伙”是许多企业最常见的聚散模式，也是三个人最为担心的。“生意没做成，朋友还掰了，这是我们最不愿看到的结果。”郑某说。

他们共同创业好几年，研发了多款畅销产品，生意不错，感情也很好。郑某性格大大咧咧，比较直，有什么说什么；刘某性格比较活泼，但说话做事比较严谨；小宿性格平和，有耐心，能包容人。“我们经常一起工作到很晚，但总能说说笑笑的，很开心，感觉像一家人一样。”郑某说。

跟着政策去创业

他们的创业成功离不开政府政策的支持。创业半年后，公司进驻创业园，这时他们才发现以前走了不少的弯路。“我刚开始回国的时候，只知道埋头苦干，没有去看政府的政策，后来才知道这样做事事倍功半，”郑某说，“创业困难无非就是缺少资金、人才和对市场的了解。我们经历了许多创业者都经历过的困难——不懂市场。只知道自己有技术，但不去考虑后果，没有试水的经验。”进驻创业园之后，他们享受了较低的房租价格，后来直接申请了房租减免。另外，政府有关部门还帮助他们申请了创业贷款，给他们提供了免费的业务指导，而这些都是他们急需的。

资料来源：http://news.cri.cn/gb/1321/2013/07/26/6491s4196612.htm

第一节 组建创业团队

一、创业团队认知

团队是指为了解决问题、达到目标而合理利用每一个成员的知识和技能协同工作的共同体。而创业团队是指为了实现共同的创业目标、达成高品质的结果而努力的共同体，通常由少数技能互补的创业者组成。

（一）创业团队的组成要素

创业团队需具备目标（Purpose）、人（People）、定位（Place）、权限（Power）和计划（Plan）五个重要的组成要素，简称“5P”。

1. 目标

创业团队需要有一个既定的共同目标来为团队成员导航，使团队成员知道要向何处去。目标常以创业企业的愿景、战略等形式体现。

2. 人

创业团队的核心是人，只有大家目标相同、技能互补，才能组成一个优秀的团队，才能围绕团队目标去奋斗。

3. 定位

创业团队的定位主要包括三个方面的内容：① 团队在企业中处于什么位置；② 由谁选择和决定团队成员；③ 各团队成员在团队中扮演什么角色。

4. 权限

创业团队中领导人的权力大小与其团队的发展阶段有关。一般来说，创业团队越成熟，领导者所拥有的权力相应越小；在创业团队发展的初期，领导权相对比较集中。

5. 计划

创业团队的计划包含以下两层意思。

（1）由于目标的最终实现需要一系列具体的行动方案，因此可以把计划理解成达到目标的具体工作程序。

（2）只有在有计划的引导下，创业团队才会一步步地贴近目标，最终实现目标。

（二）创业团队的分类

根据创业团队的结构形态，创业团队可分为星状创业团队、网状创业团队和虚拟星状创业团队三种。

1. 星状创业团队

星状创业团队在形成之前，一般是核心人物已经有了创业的想法，然后根据自己的设想组织创业团队。因此，在团队形成之前，核心人物已经就团队组成进行了仔细思考，然后根据自己的想法选择相应人员加入团队。这些加入创业团队的成员可能是核心人物以前熟悉的人，也可能是不熟悉的人，这些团队成员在企业中更多时候是扮演支持者的角色。

星状创业团队具有以下特点：① 组织结构紧密，向心力强，核心人物在组织中的行为对其他成员影响巨大。② 决策程序相对简单，组织效率较高。③ 容易形成权力过分集中的局面，从而使决策失误的风险增大。④ 当其他团队成员和核心人物发生冲突时，核心人物的特殊权威往往使其他团队成员处于被动地位。当冲突较为严重时，成员一般都会选择离开团队，从而对组织造成不利影响。

2. 网状创业团队

网状创业团队的成员一般在创业之前都有密切的关系，如一方是另一方的同学、亲友、同事、朋友等。他们都认可某一个创业想法，并就创业想法达成了共识以后，开始携手创业。在创业团队成形时，可能没有明确的核心人物，团队成员根据各自的特点自发地进行组织角色定位。因此，在企业初创时期，各个成员基本上扮演的是协作者或伙伴角色。

网状创业团队具有以下特点：① 团队没有明显的核心，整体结构较为松散。② 一般采用集体决策的方式，通过大量的沟通和讨论达成一致意见，因此组织的决策效率相对较低。③ 由于团队成员在团队中的地位相似，因此容易在组织中形成多头领导的局面。④ 当团队成员之间发生冲突时，一般都以平等协商、积极解决的方式消除冲突，团队成员不会轻易离开。但是，一旦团队成员间的冲突升级，或是某些团队成员撤出团队，就容易导致整个团队分崩离析。

3. 虚拟星状创业团队

虚拟星状创业团队是由网状创业团队演化而来，是前两种创业团队的中间形态。在这种团队中，有一个核心人物，但该核心人物地位的确立是团队成员协商的结果。因此，核心人物从某种意义上说是整个团队的代言人，而不是主导型人物，其制定政策时必须充分考虑其他团队成员的意见，不如星状创业团队中的核心人物那样有权威。

（三）创业团队的组建

由于组建创业团队的基石在于创业远景与共同信念，因此创业者需要提出一套能够凝聚人心的远景与经营理念，从而形成团队共同的目标与企业文化。一般而言，要组建一个优秀的创业团队，应特别注意以下几点。

1. 目标一致

有共同的创业目标、相同的价值观是组建创业团队的前提。团队成员若不认可团队目标，就不可能全心全意地与其他成员相互合作、共同奋斗。而不同的价值观将会导致团队成员在创业过程中产生分歧，进而削弱创业团队的协同作用。

2. 优势互补

在创建团队时不仅要考虑成员之间的关系，更重要的是要考虑成员特点之间的互补性，如彼此之间性格、经验、专长、技术等方面的互补，以此来达到团队的平衡，促使创业团队发挥最大的力量。

3. 动态开放

创业过程是一个充满不确定性的过程，可能因为能力、观念等多种原因团队中不断有人离开，同时也有新人加入。在组建创业团队时，应注意保持团队的动态性和开放性，使真正完美匹配的人员被吸纳到创业团队中来。

4. 权益合理分配

创业团队权益分配是指以法律文本的形式确定一个清晰的利益分配方案，把最基本的责、权、利界定清楚，尤其是股权和个人利益分配，包括增资、扩股、融资、撤资、人事安排及解散等与团队成员利益紧密相关的事宜。

创业团队的利益分配必须体现个人的贡献价值，要以团队成员在整个创业过程中的表现为依据，而不仅仅是某一阶段的业绩。其分配方式要灵活，既要包含股权、工资、奖金等物质利益，也要包含个人成长机会和相关技能培训等内容，并且能够根据个人的期望适时调整。

（四）创业团队的领导者

创业团队的领导者是创业团队的灵魂，每个创业团队都必须有一个领导者。创业团队的领导者是整个团队力量的协调者和整合者，其能力和行为对于创业团队的高效运转及创业项目的实施有着至关重要的作用，主要体现在以下几个方面。

1. 项目策划

项目策划包括策略思考与计划编制等，创业团队的领导者是项目策划的召集人和组织者。项目策划必须注意以下问题：第一，必须弄清策划项目的价值所在、所涉及的范围和相关限制因素，确定企业的市场定位；第二，确定由谁作为该项目的策划小组负责人；第三，必须考虑并选定创业目标，在资金、人脉等各方面条件都已准备妥当或已积累了相当的实力后，要带领团队准备完整的创业计划。创业计划除了能让创业者自己坚定创业目标、梳理创业内容之外，还可以说服他人合资、入股，甚至可以募得创业基金。

2. 组织实施

创业团队的领导者在制订行动计划后，要组织团队成员去实施。计划的执行程度和领导者的组织实施能力呈正相关的关系。领导者组织团队实施计划的过程中，必须注意以下问题：第一，团队行动必须随着企业创业环境的变化而变化，必须与企业的发展目标相适应；第二，设计组织改革的方案时要集思广益，团队成员需要共同参与设计组织改革的基本框架和操作流程；第三，要创造有利于激活企业组织的良好氛围，创业团队的领导者要充分发挥自己的组织领导能力，确立改革创新的理念，使组织能够沿着健康的方向发展。

3. 正确领导

创业团队的领导者是一个指挥员，要精明果敢，根据具体情况设计出最佳的组织结构形式；善于量才用人，用其所长，避其所短，最大限度地发挥团队成员的主观能动性，做到统筹兼顾，合理安排，指挥调度得当；善于抓住决策时机，及时下达正确的指令，使下属成员步调一致。

4. 加强控制

控制是指根据既定的目标不断跟踪和修正企业行为，以实现预期目标或业绩。控制的主要目的是使正确的行为得到长期保持，错误的行为得到及时纠正。要通过评估监控创业团队的绩效，将实际的表现与预先设定的目标进行比较，纠正显著的偏差，使企业回到正确的轨道。由此，须采取两个具体的措施：考核与激励。一方面，对执行计划的团队和个人加以考核和督促；另一方面，激励员工，以提高其工作兴趣和工作效率。

二、创业团队管理

创业团队管理的重点是在维持团队稳定的前提下，发挥团队的多样性优势。有效的团队管理能使各个本来分散的个体和具有不同能力、不同个性的人，组成一个有共同目标、相互协调的整体。团队管理的最终目标是使团队具有不断改善、不断革新的精神，使每个人的才能不断地发展和增强，达到“1+1>2”的效果。创业团队的管理主要从打造团队精神、设置创业团队的组织结构和优化创业团队的运作机制三个方面展开。

（一）打造团队精神

团队精神是各个成员的精神支柱，是创业成功的基石。和谐向上的团队精神能充分调动各个成员的团队意识，使其相互理解和支持，为实现团队的目标共同努力。

1. 培养团队精神

（1）培养团队成员的敬业精神。要做到敬业，就要求创业者具有“三心”，即耐心、恒心和决心。任何事情都不是一蹴而就的，不可只凭一时的热情、三分钟的热度来做，也不能在情绪低落时就马马虎虎、应付了事。特别在创业初期，要勇敢地面对并解决困难，而不是一遇到困难就退缩。

（2）建设学习型团队。每个成员都需要学习进步，团队内部则需要讨论分享。团队分享的过程也是团队成员交流思想的过程。如果团队中的每个成员都能把自己掌握的新知识、新技术、新思想与其他团队成员分享，集体的智慧势必大增，从而达到整体大于部分之和的效果。

（3）建设竞争型团队。创业团队必须具有竞争意识，敢于正视自己和面对强手。建设竞争型团队，首先要鼓励各个成员努力提高自身的水平和技能，从而高效地完成团队任务；其次，要建立内部竞争机制，但要注意，竞争必须是理性的、良性的，是竞争而不是斗争。

协作是团队的核心，要用争论来激活团队的气氛，激发成员的竞争意识；要以发展来吸引人，以事业来凝聚人，以工作来培养人，以业绩来考核人，用有情的鼓励和无情的鞭策让团队的每个成员都能以积极的心态工作，追求实现自我和超越自我，从而最大限度地发挥团队力量。

2. 塑造团队文化

高效的团队注重团队文化的塑造，尤其是共同价值观的培养。团队文化是由团队价值观、团队使命、团队愿景和团队氛围等因素综合在一起而形成的。塑造团队文化的关键就是在团队形成与发展的过程中确立团队价值观、团队使命和团队愿景，并以此为基础逐渐形成相应的团队文化氛围。

（二）设置创业团队的组织结构

设置创业团队的组织结构时，必须以团队的战略任务和经营目标为依据，具体要注意以下几点。

1. 权责分明

团队的任何一项工作都离不开其他人的配合，只有协作配合好，才能顺利完成所有工作。对于初创期的创业团队，人员分工一般都比较粗放，很多事情不分彼此，一起决策、共同实施。此时一定要注意落实责任、权责分明，避免出错后互相推诿，造成团队成员之间的矛盾。

2. 分工适当

分工并不是越细越好，分工过细会导致工作环节的增加，往往引起工作流程延长，这也会削弱分工带来的好处。只有分工适当，相互协调，团队及其成员才能在团队精神的指导下高效地完成团队的总体目标，同时，这也能有效避免团队成员之间的推诿扯皮。

3. 适时联动

适时联动是指为了完成特定任务，成立打破部门分工、跨越部门职能的专门工作小组。小组成员具有双重身份，既要向本部门主管汇报工作，又要对跨部门小组组长负责。

这种模式适用于已经具有一定规模的创业企业。创业初期，由于企业规模较小，此时，团队成员只需各司其职，就可以保持企业平稳运行。随着企业规模的不断扩大，尤其是在产品更新速度不断加快的过程中，以及开展一些重大项目时，若缺乏全盘的统筹和协调，则会造成企业运转困难。因此，在企业中设立一个专门负责新项目或一些重大项目的组织协调工作的跨部门小组就显得尤为重要。

（三）优化创业团队的运作机制

1. 做好决策权限分配

创业团队内部要妥善处理各种权力和利益关系，确定谁适合从事何种关键任务和谁对关键任务承担什么责任。在治理层面，主要解决剩余索取权和剩余控制权的问题。其中，剩余索取权是一项索取剩余（即资本剩余，等于总收益减去合约报酬）、分享利润的权利。剩余控制权是相对于合同收益权而言的，是指对企业收入扣除所有固定的合同支付（如原材料成本、固定工资、利息等）的余额的要求权，简单地说就是对纯利润的控制权，如使用、支配、处置等权利。同时，还必须建立进入机制和退出机制，约定以后团队成员退出的条件和约束，以及股权的转让、增股等问题。

而在管理层面，工作中最基本的原则有 3 条：一是平等原则，即制度面前人人平等；二是服从原则，下级服从上级，行动要听指挥；三是秩序原则，不能随意越级指导，也不能随意越级请示。大学生创业团队内部的管理界限没有那么明晰，但一定得把决策权限厘清，做到有权有责。

2. 制定员工激励办法

创业团队需要妥善处理团队内部的利益关系。大学生创业的资金筹措本来就是难题，分配就更应合理谨慎。团队的管理者要认真研究和设计整个团队的报酬体系，使之具有吸引力，并且使报酬水平能够反映出贡献水平，以及不受人员增加的影响。

3. 建立业绩评估体系

业绩考核必须与个人的能力、团队的发展、担任的角色和取得的成绩结合起来。传统的绩效评估体系和绩效管理只关注个人绩效如何，而不去考虑个人绩效与团队绩效的结合。造成这种状况的原因多种多样，包括评估不及时、各方意见不统一、评估标准不明确、掺入了情感因素、忽略了被评估人的绩效给他人带来的影响等。

成功的绩效管理不应只注重个人的绩效，更应注重整体表现。只有这样，才能让员工充分意识到团队合作的重要性，同时，意识到个人需要不断地进行自我调整，以适应不断变化的环境和业务发展。

案例研讨

俞敏洪的创业团队

俞敏洪，1962 年出生于江苏省江阴市，1980 年考入北京大学，毕业后留校担任北京大学外语系教师。1991 年 9 月，俞敏洪从北京大学辞职，开始了自己的创业生涯。1993 年，俞敏洪创办了新东方培训学校（以下简称新东方）。1994 年，新东方已经拥有几千名学员，在北京已成为一个响亮的牌子，俞敏洪也看到了一个巨大的教育市场。

聚集人才

在新东方创办之前，北京已经有三四所同类学校。参加新东方培训的学员多是以出国留学为目的，彼时新东方能做到的，其他学校也能做到。就当时的大环境而言，受出国热及人们在工作、学习及晋升等方面对英语的多样化要求的影响，国内掀起了学习英语的热潮，越来越多的优秀教师加入英语培训这个行业。对于如何先人一步，取得自己的竞争优势，把新东方做大做强，俞敏洪有自己的想法，他认为英语培训机构必须具备一流的师资。

俞敏洪需要找到更多的合作伙伴来帮他提升英语培训的质量。而这样的人，不仅要有过硬的专业能力，更要和俞敏洪本人有一样的办学理念。他首先想到的是远在美国的王强和留学加拿大的徐小平等人，实际上这也是俞敏洪思考了很久所做的决定——这些人不仅符合业务扩展的要求，更重要的是他们作为自己在北大时期的同学、好友，肯定比其他人更能理解并认同自己的办学理念，合作也会更坚固和长久。从 1994 年到 2000 年，杜子华、徐小平、王强、胡敏、包凡一、何庆权、钱永强、江博和周成刚等人陆续被俞敏洪网罗到了新东方的旗下。

构建团队

作为教育结构，师资构成了新东方的核心竞争力，但如何让这支高精尖的队伍最大限度地发挥作用呢？俞敏洪从学员的实际需求出发，秉持“比别人多做一点，比别人做得好一点”的理念，合理构建自己的团队，寻找和抓住英语培训市场上别人不能提供或忽略的服务，使新东方的业务体系不断完善。

徐小平、王强、包凡一、钱永强等人分别在出国咨询、基础英语、出版和网络等领域各显其能，为新东方建立了完备的产品链。徐小平开设的“美国签证哲学”课，把出国留学过程中大家最关心的一个程序问题上升到人生哲学的高度，让学员在会心大笑中思路大开；王强开创的“美语思维”训练法，突破了一对一的口语训练模式；杜子华的“电影视听培训法”已成为国内外语教学培训界极有影响力的教学方法……新东方的老师很多都根据自己的教学经验和心得著书立说，并形成了自身独有的特色，让新东方成为一个有思想、有创造力的地方。

俞敏洪的成功之道是为新东方组建了一支年轻而又充满激情的团队。俞敏洪的温厚、王强的爽直、徐小平的激情、杜子华的洒脱、包凡一的稳重，五个人的鲜明个性让新东方总是处于一种不甘平庸的氛围当中。

俞敏洪敢于选择这帮牛人作为创业伙伴，并且真的和他们一起做成了大事，成就了一个新东方传奇。从这一点来说，他是一个成功的创业团队领导者。他知道新东方人多是性情中人，大家从来不掩饰自己的情绪，也不愿迎合他人的想法，打交道都是直来直去，有话直说。因此，新东方形成了一种批判和宽容相结合的文化氛围，批判使新东方人敢于互相指责，纠正错误；宽容使新东方人在批判之后能够互相谅解，共同合作。这就是新东方人的特点：大家互相不记仇，不记恨，只计较谁对谁错谁公正。

这种源自北大精神的自由文化，是俞敏洪敢用“孙悟空”，而且是多个“孙悟空”的前提条件，也是新东方成功的关键因素之一。而另一个关键因素就是俞敏洪本人所具有的包容性。他带领着一帮比他厉害的“牛人”，不仅将新东方从小做大，还完成了让局外人都为之捏了一把汗的股权改制。最令人意料不到的是，俞敏洪居然还将新东方带到了美国的资本市场，使之成为中国第一家在海外成功上市的民营教育机构。

资料来源：https://www.docin.com/p-1505119996.html

研讨问题：俞敏洪的创业团队对他创业成功起到了哪些促进作用？

如何培养团队精神？

第二节　厘清创业思路

一、设计商业模式

简单地讲，商业模式就是企业通过什么方式或途径来赚钱。例如，广告公司通过为别人设计广告来赚钱，饮料公司通过卖饮料来赚钱，等等。

说得专业一点，商业模式是一个企业满足消费者需求的系统，这个系统组织并管理着企业的资金、原材料、人力资源，作业方式、销售方式，信息、品牌、知识产权，企业所处环境、企业创新能力等各种资源，最终形成了消费者必须购买的产品和服务。同时，这些产品和服务具有该企业能复制而别人不能复制，或者该企业在复制时占据市场优势地位的特性。

在设计商业模式时，需要考虑以下几个方面的问题：一是企业的价值主张是什么，客户是谁，直接营销对象和潜在营销对象是谁；二是企业如何盈利，如何以合适的成本把价值传递给客户，如何构建利益相关者的价值网络，如何进行产品和服务的定价，如何最大限度地提高收入；三是该模式能否为客户创造最大价值，客户为什么选择本公司的产品或服务而不是其他公司的，如何与客户进行沟通；四是企业有哪些特殊资源和能力可以增强商业模式的竞争力，如何实现商业模式的可持续盈利等。

一般来说，商业模式的设计应该按照下列步骤进行。

（1）确定业务范围并寻求产品在市场中的最佳定位。对企业业务范围的定义是成功进行价值定位的前提。

（2）分析和把握顾客需求以锁定目标客户。锁定目标客户意味着企业必须考虑服务于哪个地区和如何对客户进行细分。细分客户通常可以根据人口、地理、心理和行为等因素进行划分。在客户细分的过程中，分析和把握客户需求是关键环节。例如，国内知名连锁酒店“如家”的市场定位是——介于二级和三级酒店之间，目标客户是对价格敏感的商务人士和休闲游客等。

（3）构建企业独特的业务系统，提高对手模仿的难度。业务系统反映的是企业与其内外部各种利益相关者之间的交易关系。首先，需要确定的是企业与不同利益相关者之间的关系。构建业务系统时，要针对不同的利益相关者，确定关系的类别以及相应的交易内容和方法。然后，根据职能分配利益相关者（客户、供货商和其他合作伙伴）的角色，确定与企业相关的价值链活动。

（4）发掘企业的关键资源能力以形成核心竞争优势。关键资源能力包括金融资源、人力资源、信息资源、技术资源、客户关系和营销渠道等。关键资源能力是企业有别于竞争对手并得以持续发展的支撑力量，有助于形成和打造企业的核心竞争力。

（5）构建独特的盈利模式。简单地说，盈利模式就是企业赚钱的渠道或方法。客户怎样支付、支付多少，所创造的价值在企业、客户、供应商、合作伙伴之间如何分配，这些都是企业在构建盈利模式时需要解决的问题。

（6）提高企业价值（即投资价值）以获得资本市场的青睐。企业价值是商业模式的落脚点，评判商业模式优劣的最终标准就是企业价值的高低。企业价值由其成长空间、成长能力、成长效率和成长速度决定。好的商业模式具有投入产出效率高、效果好、收入的持续增长能力强等特点。

二、制订创业计划书

创业计划书又称商业计划书，是指创业者就某一款具有市场前景的新产品或服务向风险投资者进行介绍，以取得风险投资的商业可行性报告。创业计划书是创业者叩开投资者大门的“敲门砖”，是创业者计划创立的业务的书面摘要，一份优秀的创业计划书往往会使创业取得“开门红”的效果。

（一）创业计划书的基本结构

一份完整的创业计划书由封面、目录、正文和附录四部分组成。

1. 封面

封面又称标题页，可以放一张企业项目或产品彩图，也可以放企业 logo，但需留出足够的版面排列以下内容：创业计划书编号、标题、企业名称、项目名称、联系人及联系方式、公司主页、日期等。其中，标题明确了创业项目的名称，体现了创业企业的经营范围，一般在封面以醒目的字体标示出来，如《××创业计划书》。

2. 目录

目录是正文的索引，需要按照章节顺序逐一排列每章大标题、每节小标题，以及各章节对应的页码。初步写完创业计划书后，要注意确认目录页码与内容的一致性。

3. 正文

正文是创业计划书的主要内容，包括摘要、主体和结论三大部分。

（1）摘要。摘要是整个计划书的精华和亮点，是企业的基本情况、竞争能力、市场地位、营销战略、管理策略，以及创业项目的投资前景及风险预测等方面的综合概述。

摘要是对整个创业计划书做出的精华式总结，所以通常在计划书的主体完成后编写。一份出色的摘要应简短而精练，1～2 页纸即可。

知识小卡片

摘要的关键问题

一般来讲，写摘要时可围绕以下三组关键问题进行展开。

第一组问题：

你的创意来自哪里？

你的理念是什么？

你能准确客观地描述你的目标市场吗？你了解它们吗？

你能给你的目标客户带来什么？他们为什么接受？

你预计的市场占有份额和增长率是多少？

你最大的竞争者是谁？你会如何应对？

第二组问题：

你预计需要多少资金？怎么安排资金？

你会使用哪种分销渠道？

你的核心能力是什么？

你预计盈亏平衡点的时间是什么时候？

你有专利吗？如何保护它？

第三组问题：

你的团队能胜任吗？为什么？

你将如何分工？

你有行动时间安排表吗？列举行动计划。

为什么你是创业带头人？你能胜任吗？

资料来源：钟宇，朱勇刚，蔡向阳．创新创业实践能力训练［M］．镇江：江苏大学出版社，2016.

（2）主体。主体是对摘要的具体展开。为了让投资者一目了然，一般采用章节式或标题式编写。主体的内容具体包括企业介绍、市场分析、组织结构介绍、前景预测、营销策略描述、生产计划展示、财务规划和风险分析等。

（3）结论。结论是对整个创业计划书内容的总结式概括。它和摘要首尾呼应，体现了创业计划书的完整性。

4. 附录

附录是对主体部分的补充。受篇幅限制，不宜在主体部分过多描述的，不能在一个层面详细展示的，或需要提供的参考资料、数据等内容，一般放在附录部分，以供参考。

创业计划书的附录一般包括以下内容：企业营业执照、审计报告、相关数据统计、财务报表、新产品鉴定、商业信函、商业合同及相关荣誉证书等。

知识小卡片

编写创业计划书的六个 C（六要素）

第一个 C 是 Concept，概念、设想。即通过你的计划书，要让别人可以很快地知道你卖的是什么。

第二个 C 是 Customers，顾客。有了卖的东西以后，接下来要考虑卖给谁，要明确顾客的范围。例如，假定女性都是顾客，那 50 岁以上的女性和 5 岁以下的小女孩是否都是顾客，这一点需要界定清楚，即要明确适合的年龄层。

第三个 C 是 Competitions，竞争者。东西有没有人卖过？如果有人卖过，是在哪里？有没有其他的东西可以取代？与竞争者的关系是直接的还是间接的？

第四个 C 是 Capabilities，能力。对于要卖的东西自己懂不懂？例如，开餐馆，如果厨师辞职了且暂时招不到人，你自己能不能顶上？如果自己没有这个能力，要考虑合伙人有没有相关能力。

第五个 C 是 Capital，资本。资本可以是现金，也可以是资产，是可以换成现金的东西。那么资本在哪里？有多少？自有的部分有多少？可以借贷的有多少？这些都要写清楚。

第六个 C 是 Continuation，永续经营。假如事业做得不错，后续的计划是什么？

资料来源：https://www.docin.com/p-2135345820.html

（二）创业计划书的具体内容

创业计划书的质量，往往会直接影响创业发起人能否找到合作伙伴，获得资金及其他政策的支持。创业计划书的具体内容如下。

1. 封面设计

封面是创业计划书的“脸面”，一定要有独特的风格。创业计划书的封面重在设计，要求设计者要有较好的审美能力和艺术天赋。有人认为别人看不懂的就是独特的，其实这是错误的认知。封面设计应以简约、易懂为主，忌晦涩怪异。

2. 企业介绍

企业介绍如同自我介绍，目的就是让投资者认识该企业。企业介绍部分涉及企业的基本概况（名称、组织形式、注册地址、联系方式等）、所提供的产品或服务的竞争力、未来的发展规划和目标等。其中，企业目标既指明了企业发展的方向，也是创业计划书的亮点所在。

3. 市场分析

市场分析在整个创业计划书中起着举足轻重的作用，主要包括市场需求分析、产品分析、竞争对手分析等内容。

（1）市场需求分析。详细的市场需求分析能够促进投资者判断企业目标的合理程度及他们承担的风险的大小。在市场需求分析中，创业者需要阐明这样的观点：企业面对的是足够大、发展前景非常广阔的市场需求，并有足够的能力应对来自各方面的竞争。

（2）产品分析。在进行投资项目评估时，投资人最关心的问题之一就是：“企业的产品能在多大程度上解决现实生活中的问题，或者企业的产品能否帮助顾客节约开支、增加收入？”因此，产品介绍是创业计划书中必不可少的一项内容。

在产品介绍部分，通常要回答以下问题：

① 顾客希望通过企业的产品或服务得到什么？

② 与竞争对手相比，企业提供的产品或服务有哪些优势与劣势？企业采取何种办法取长补短？

③ 企业拥有哪些专利与许可？企业对自己的产品采取了哪些保护措施？

④ 企业对新产品或服务有何规划？

⑤ 企业的产品或服务定价为何能给企业带来长效收益？

⑥ 该产品或服务如何拥有稳定的顾客群？顾客群一旦流失，企业该如何应对？

需要注意的是，任何一个创业者在创业之初都会对自己提供的产品或服务充满信心，因此在创业计划书的写作中难免会用许多赞美之词。但是，企业的种种承诺都是应该兑现的，因此，对产品或服务进行介绍时，一定要实事求是，不能夸夸其谈。

（3）竞争对手分析。竞争对手是这样一类企业：它们在市场上和你的企业提供着相同或类似的产品或服务，并且在配置和使用市场资源过程中与你的企业具有一定的竞争性。如何打败竞争对手，如何在竞争中胜出是每个创业者都需要考虑的问题。

进行竞争对手分析时，应该从以下几个方面入手：

① 你的竞争对手有哪些？你最大的竞争对手是谁？

② 你的竞争对手的优势在哪里？它有什么新动向？

③ 你具备哪些优势和劣势？优势如何发扬，劣势如何消除？

④ 你能否承受竞争所带来的压力？

⑤ 你将采取什么策略战胜竞争对手？

4．人员及组织结构说明

企业管理的好坏直接决定了企业经营风险的大小，而高素质的管理人员和良好的组织结构则是管理好企业的重要保证。因此，投资者会特别注重对企业管理人员及组织结构的评估。

（1）主要管理人员介绍。介绍他们的详细经历和背景，以及他们的职责和能力。具体来讲，主要管理人员介绍包括个人基本信息（姓名、年龄、政治面貌等）、工作履历、受教育程度、主要经历、道德素养和综合素质。

（2）组织结构介绍。组织结构即企业管理架构。组织结构的合理性取决于是否分工明确，各司其职。此部分内容具体包括企业的组织结构图、各部门的功能与责任、各部门的负责人及主要成员、企业的薪酬体系、企业的股东名单（包括认股权、比例和特权）、企业的董事会成员及各位董事的背景资料等。

5．市场预测

市场预测就是运用科学的方法，对影响市场供求变化的诸多因素进行调查研究，分析和预见其发展趋势，掌握市场供求变化的规律，为经营决策提供可靠的依据。

在创业计划书中，市场预测应包括市场现状综述、市场需求预测、竞争厂商概况、目标顾客和目标市场、本企业产品的市场地位等。

创业者对市场的预测应建立在严密、科学的市场调查基础上。市场本来就变幻不定、难以捉摸，因此，创业者应尽量扩大收集信息的范围，重视对环境的预测并采用科学的预测手段和方法。创业者应牢记的是，市场预测不是凭空想象，对市场错误的认识是企业经

营失败的主要原因之一。

6. 营销策略叙述

在创业计划书中，营销策略叙述应包括市场机构和营销渠道的选择、营销队伍建设和管理、促销计划和广告策略、价格决策等。

处于不同发展阶段的企业适用的营销策略是不同的。对于创业企业来说，由于产品和企业的知名度低，很难进入其他企业已经控制的销售渠道。因此，企业不得不暂时采用高成本、低效益的营销战略，如上门推销、大力投放商品广告、向批发商和零售商让利，或者交给任何愿意经销产品的企业销售等。而对于发展中的企业来说，一方面可以利用原来的销售渠道，另一方面也可以开发新的销售渠道以适应企业的发展。

知识小卡片

营销计划的关键问题

第一组问题：

你的产品出厂价格是多少？

你希望最终的销售价格是多少？

你能控制最终价格吗？

定价的依据是什么？

预计销售额是多少？利润是多少？

你的定价合理吗？为什么？

你的定价和营销战略是一致的吗？

如何应对市场价格混乱？

第二组问题：

目标客户中，哪些是最容易挖掘的？

你有多少条渠道？评价渠道的优劣情况。

在哪里可以买到你的产品？

你会通过哪些分销渠道来挖掘哪些目标客户？

你将如何让你的目标客户注意到你的产品？

你将如何与你的目标客户进行沟通？

你有一个能够聆听客户心声的渠道吗？

你将如何争取第一批客户？

如何在竞争对手之前迅速占领市场？

如何控制渠道？

如何管理一线推销员？

你有广告计划吗？

第三组问题：

如何通过一线推销员树立企业形象？

你的广告和企业理念是一致的吗？

你的产品设计迎合了客户需求吗？

资料来源：钟宇，朱勇刚，蔡向阳. 创新创业实践能力训练［M］. 镇江：江苏大学出版社，2016.

7. 生产计划说明

生产计划说明作为创业计划书的重要组成部分，其作用在于使投资者了解企业的研发进度和资金使用情况。在这一部分，创业者不仅定要说明业务流程的关键环节，写明企业的基本运营周期及间隔时间，还要将季节性生产任务和生产中会遇到的问题及解决方案阐述清楚。

具体来说，创业计划书中的生产计划说明应包括厂房基本情况（包括地址、基础设施和基本配置情况）、生产现状、生产流程及关键环节介绍、新产品投产计划、生产经营成本分析、质量控制和改进计划及能力等。

8. 财务规划描述

一份好的财务规划可以帮助企业降低经营风险，提高企业的评估价值，增加企业获取资金的可能性。财务规划描述部分一般要写未来财务整体规划。

未来的财务规划是建立在生产计划和营销计划基础之上的。严格来说，创业计划书中的前述内容都可作为企业制订未来财务规划的依据。有理有据，有适当的假设，是做好财务规划的前提。创业者要做的工作是：论述未来 3—5 年内的生产运营费用和收入状况，将具体财务状况以财务报表的形式展示出来。

要写好财务规划，创业者必须回答以下问题：

（1）单件产品的生产成本是多少？利润是多少？

（2）产品定价是多少？在固定时间段内产品的销售量有多少？

（3）雇佣哪些人生产、加工、销售产品？工资预算是多少？

知识小卡片

撰写财务规划需要具备财会方面的专业知识，要做到规划精细、账款明晰。最好由这方面的专业人员来撰写，这样能够避免财务报表漏洞百出，也能增强投资者的信任感。

9. 风险分析

创业本身就带有一定的冒险性，创业过程中的风险通常让人始料不及。风险分析不仅能减轻投资者的疑虑，让他们对企业有全方位的了解，还能体现管理团队对市场的洞察力和解决问题的能力。在这一部分，创业者可以从以下几个方面进行阐述。

（1）市场风险。市场风险包括生产中可能遇到的问题、销售中未知的因素、竞争中难以预料的方面、顾客的不同需求与反馈等。

（2）技术风险。技术风险主要涉及技术研发中的困境，如技术力量不够强大、研发不到位、员工熟练程度不高、经验不足、研发资金短缺等。

（3）资金风险。创业者需要阐明可能出现的资金周转不畅和资金断流等问题，也要讲明万一企业遭遇清算，有无偿还资金的能力。

（4）管理风险。创业者要实事求是，不能刻意隐瞒管理方面的缺陷和漏洞，一定要如实反映情况，诸如人手不足、经验欠缺、资源匮乏等。

（5）其他风险。企业面临的其他风险有很多，如政策的不确定性、经营中的突发状况、财务上的不确定因素等，都可以归入此类。

创业者的任务是在对市场、技术、资金、管理等各方面风险进行分析之后，将这些风险及相应的解决方案用清晰的表述在创业计划书中反映出来。风险并不可怕，可怕的是没有应对风险的能力与对策。主动识别和讨论风险会极大地提高企业的信誉，使投资者更有信心。

案例研讨

教你打造完美的创业计划书

第一页，用几句话清楚地说明你发现目前市场中存在什么空白点，或者存在什么问题，以及这个问题有多严重。例如，目前网游市场里盗号情况严重，你有一个产品能解决这个问题，只需要用几句话说清楚就可以。

第二页，说明你有什么样的解决方案或什么样的产品，能够解决这个问题。你的方案或产品是什么，提供了怎样的功能。

第三页，说明你的产品将面对的用户群是哪些人，一定要有清晰的用户群划分。

第四页，说明你的竞争力。为什么这件事情你能做，而别人不能做？如果这件事谁都能做，为什么要投资给你？你有什么核心竞争力？有什么与众不同的地方？所以，关键不在于所做事情的大小，而在于你能比别人做得好，与别人做得不一样。

第五页，再论证一下这个市场有多大，你认为这个市场的未来会是什么样。

第六页，说明你将如何挣钱。如果真的不知道怎么挣钱，你可以不说，也可以老老实实地说，我不知道这个怎么挣钱，但中国一亿用户会用，如果有一亿人用我觉得肯定有它的价值。想不清楚如何挣钱没有关系，投资人比你有经验，告诉他你的产品多有价值就行。

第七页，用简单的几句话告诉投资人，有没有其他人在挖掘这个市场，具体情况是怎样的。不要说"我这个想法前无古人后无来者"这样的话，投资人一听这话就要打个问号。有其他人在做同样的事不可怕，重要的是你对这个产业和行业有没有基本的了解和客观的认识。要说实话、干实事，可以进行一些简单的优劣分析。

第八页，突出自己的亮点。刚出来的产品肯定有很多问题，说明你的优点在哪里，只要有一点比竞争者强就行。

第九页，进行财务分析，可以简单一些。不要预算未来三年挣多少钱，没人会信。说说未来一年或六个月需要多少钱，打算用这些钱干什么。

第十页，如果别人还愿意听下去，介绍一下自己的团队，说说团队成员的优秀之处，以及各自做过什么。

包含以上内容的计划书，就是一份非常好的创业计划书了。

资料来源：https://www.cyzone.cn/article/75688.html

研讨问题：打造完美创业计划书的关键是要写好哪些部分？

如何写好创业计划书？

第三节　获取创业资源

一、创业资源的识别

创业资源是指企业创立及成长过程中所需要的各种生产要素和支撑条件，包括创业企业在创造价值的过程中所需要的各种要素。

对于创业者来说，只要是对其创业项目和创业企业的发展有所帮助的要素，都可以归入创业资源的范畴。创业者既要积累个人资源，也要善于创造性地整合社会资源，以创造有利于创业的良好条件。

（一）创业资源的分类

创业资源具有复杂性和多元性，涉及资金、时间、人才、市场等多个方面。按照资源种类划分，创业资源可分为人力资源、资金资源、技术资源和其他资源。

1．人力资源

人力资源不仅包括创业者及创业团队的知识、技能和经验等，也包括团队成员的专业智慧、判断力、视野和愿景，乃至创业者本身的人际关系网络。创业者是创业企业最重要的人力资源，其价值观和信念是创业企业的基石，其所拥有的人际和社会关系网络使其能够接触到大量的外部资源。鉴于企业之间的竞争主要是人才之间的竞争，高素质人才的获取和开发便成为创业企业可持续发展的关键因素。

2．资金资源

资金资源既包括创办企业所需要的启动资金，也包括企业转型或发展所需要的资金等。一般来说，在创业初期及时筹集到足够的资金，是企业成功创办和顺利经营的前提条件。

3．技术资源

技术资源包括关键技术、制造流程、作业系统、专用生产设备等。技术资源大多与物质资源相结合，可以运用法律手段予以保护，部分技术资源会形成企业的无形资产。

4. 其他资源

除了上述资源外，还存在多种可以转化为企业助力的资源，如政策资源（中小企业创办政策、大学生创业优惠政策等）、信息资源（行业概要、项目交易数据、供求信息、研究报告、财经数据、科研数据等）、声誉资源（社会、普通消费者对于企业的感知与评价）、组织资源（组织架构、生产机制及计划体系）等。

（二）创业资源的作用

1. 人力资源的作用

创业者及其团队本身就是十分重要的创业资源，在创业过程中起着决定性的作用。人的能力和素质决定了创业项目启动方式和资金投入方式。创业者及其团队的知识、技能和经验直接影响创业成败。组建一个有专业人才的一流创业团队，能够增强创业竞争力，极大促进创业的成功。特别对于一些高科技新创企业，专业人才的作用尤为突出。

2. 资金资源的作用

资金在创业中无时无刻不发挥着重要的作用，创业之初需要启动资金，在企业销售活动产生现金流之前，企业购买和存贮货物、支付员工薪水、维持其他创业相关活动等，都需要资金。创业过程中需要运转资金，没有健康的现金流，企业的经营会出现严重问题。据相关统计，倒闭的企业中有 85%是因为资金链断裂。因此，资金对企业，尤其对初创型企业是至关重要的。

3. 技术资源的作用

技术资源是发挥直接作用的资源，创业者在创业过程中如果掌握了某方面的核心技术，对创业将产生极大的促进作用。核心技术就是创业的核心资源，这种资源是其他人短时间内难以复制和模仿的，能够让创业者在创业初期占领高地，更好地促进创业成功。

4. 其他资源的作用

各类创业资源都会直接或间接地作用于创业活动，并产生一定影响，这些资源是可以被获取、开发和利用的，因此要善于把握和使用。例如，信息资源贯穿于创业活动的全过程，创业者如果在开始创业活动之前就拥有优质的信息资源，那么对于创业机会的评价与把握至关重要。再如，政策资源虽然未直接作用于创业活动，但是所有的创业活动都要在政策环境和社会环境中进行，不同的政策和社会环境将影响创业活动的组织方式。

二、创业资源的获取

创业资源的获取是指在确认并识别资源的基础上，得到所需资源并使之为创业服务的过程。创业资源的获取不仅决定了创业者能否把创业设想转化为创业行动，而且决定了企业这一契约组织的形成方式。

（一）不同创业资源的获取方式

1．人力资源的获取

人力资源对创业的决定性作用要求创业者必须充分重视人力资源的获取。创业者一方面应努力提升自身的能力，另一方面应充分重视创业团队的建设。一个知己知彼、才华各异、能力互补、目标一致和彼此信任的团队是最重要的创业资源，也是创业成功的根本保证。

此外，创业者及其团队成员还需要通过开发人脉资源和社会网络资源提升创业成功率。人脉资源可以分为政府人脉资源、金融人脉资源、行业人脉资源、技术人脉资源、媒体人脉资源、客户人脉资源等。创业者及其团队成员首先应做好人脉资源的分类与规划，结合自己的创业计划确定核心人脉资源、备用人脉资源等，再根据需求开发新的人脉资源。

2．资金资源的获取

对于资金资源的获取，一般可通过以下六种途径。

（1）依靠自有资源。创业者的个人积蓄是创业资金最基本的来源。几乎所有的创业者都向他们新创办的企业投入了个人积蓄，但是，这并不是根本性的解决方案。一般来说，创业者的个人积蓄对于创业企业而言是十分有限的，特别是对于新创办的资本密集型企业来说，几乎是杯水车薪。

（2）政府扶持资金。创业者可以利用政府扶持政策，从政府方面获得资金支持。随着“大众创业、万众创新”的深入发展，政府对创业的支持力度不断加大，由政府提供的各类扶持资金项目也不断增加。“小额贷款”“创业基金”“融资担保”等，都为创业者提供了资金支持。

（3）天使投资。天使投资是一种非组织化的创业投资形式，是指自由投资者（个人）或非正式风险投资机构（团体）对有发展前景的原创项目构思或初创期小企业进行早期权益性资本投资，以帮助这些企业迅速启动的一种民间投资方式。近年来资本市场十分活跃，天使投资基金比比皆是，大学生创业者可以在市场上寻觅天使投资人，也可以通过参加学校组织的各类创业竞赛吸引天使投资人。

（4）风险投资。风险投资又称创业投资，是指由专业机构提供的、投资于极具增长潜力的创业企业并参与其管理的投资方式。风险投资的投资对象多为处于创业期的中小企业，而且多为高新技术企业或现代服务业。投资期限通常为 3—5 年，投资方式为股权投资，一般会占被投资企业 15%～30%的股权，而不要求控股权，也不需要任何担保或抵押，但可能对被投资企业以后各阶段的融资提出一定的要求。风险投资人一般会积极参与被投资企业的经营管理，提供增值服务。当被投资企业增值或上市后，风险投资人会卖出套现或通过其他股权转让方式撤出资本，从而获得收益。

（5）机构融资。

① 向银行借款。其形式主要有抵押贷款和担保贷款两种。

- 抵押贷款是指借款人以其所拥有的财产抵押，作为获得银行贷款的担保。在抵押期间，借款人可以继续使用其用于抵押的财产。
- 担保贷款是指借款人向银行提供符合法定条件的第三方保证人作为还款保证，当借款方不能履约还款时，银行有权按照约定要求保证人履行或承担清偿贷款连带责任的借款方式。其中，比较适合创业者的担保贷款形式有自然人担保贷款和专业公司担保贷款两种。自然人担保贷款是指由自然人提供担保取得贷款；专业公司担保贷款是指由担保公司提供担保取得贷款。

② 向非银行金融机构借款。非银行金融机构是指以发行股票和债券、接受信用委托、提供保险等形式筹集资金，并将所筹资金用于长期性投资的金融机构。具体包括信托公司、境外非银行金融机构驻华代表处、农村和城市信用合作社、典当行、保险公司、小额贷款公司等。

③ 交易信贷。交易信贷是指企业在正常的经营活动和商品交易中，由于延期付款或预收货款所形成的企业间常见的信贷关系。企业在筹办期及生产经营过程中，均可以通过交易信贷筹集部分资金。例如，企业在购置设备或原材料的过程中，可以通过延期付款的方式，在一定时期内免费使用供应商提供的部分资金。

3．技术资源的获取

获取创业项目所依赖的技术的途径有吸引技术持有者加入团队，购买他人的成熟技术、前景型技术或自己研发。

创业者应随时关注各高校实验室、老师或者学生的研发成果，定期去国家专利局网站查阅各种专利申请，养成及时关注科技信息、浏览各种科技报道的习惯，留意科技成果能否为我所用，从中发现商机。

4. 信息、政策资源的获取

（1）关注来自政府机构、行业协会的行业信息，包括同行创业者或同行企业、专业信息机构等发布的权威信息。

（2）通过图书馆、大学研究机构、新闻媒体及互联网等渠道获取相关信息。

（二）大学生创业资源获取技巧

创业资源获取过程中，采用适当的技巧可使资源获取事半功倍。获取创业资源最主要的原则是盘活、用好企业的现有资源，以有限的资源撬动尽可能多的外部资源。

1. 用好已有资源

创业者原本拥有的资源内容和数量对其获取更多资源有相当大的影响。首先，创业者已有资源会影响资源需求，假如新创企业的创始人是拥有专利的大学生，他们对资源的需求就更倾向于财物资源。其次，创业者的已有资源会影响其资源获取方式的选择，假如创业者有比较好的社会资本，则更容易想到依赖现有的社会资本获得客户信息等其他资源。

2. 善用学校资源

一是学习创新创业课程和参加各类社团活动。各高校都设有创业课程、创业协会、科技发明协会，以及实践创业的学生社团、论坛和讲座等，学生可以通过学习这些课程和参加这些活动与志同道合的朋友交谈，或向成功的校友企业家请教。有些高校还组织企业、高校、科研单位和政府职能部门的专业人士成立创业导师团，为学生答疑解惑，提供决策咨询和参考等，甚至发掘有潜力的创业项目进行跟踪辅导。

二是争取大学生创业基金。为鼓励创业，各地均设立了大学生创业基金，鼓励大学生参与创业计划、科技创新项目、专项计划等。大学生可通过参与此类活动争取创业启动基金支持。同时，有些高校还合作天使投资基金和风险投资基金，为有潜力的创业项目提供筹资、管理等方面指导。

三是拜访优秀人士。大学生要主动大胆地向优秀人士请教，要善于寻找好的顾问，如老师、校友等。

三、创业资源的整合

创业资源的整合是一个复杂的过程，是创业企业对不同来源、不同种类、不同内容的资源进行选择、汲取、配置、激活和有机融合，使之具有更强的条理性、系统性和价值性，并对原有的资源体系进行重构，摒弃无价值的资源，以形成新的核心资源体系的过程。

创业资源的整合过程可以分为资源扫描、资源控制、资源利用和资源拓展四个步骤。

（一）资源扫描

创业者要了解自己的资源禀赋及企业所拥有的最初资源。创业者要先识别已有资源，包括己方所有有价值的有形资产和无形资产，如人才、技术、设备、品牌等，找到自己的资源优势和不足，同时认清哪些属于战略性资源，哪些属于一般性资源，还要确定资源的数量、质量、使用时间及使用顺序。

在扫描自身已有资源的同时，也要对外部环境进行扫描，以及时发现创业企业所需的资源，确定自己所缺的创业资源可以从哪些渠道获取，以及谁拥有这些重要资源；然后对各种资源渠道的获取难易程度进行排序，进而寻找利益交集，对资源所有者的利益需求进行深度分析，并与自己所拥有的资源进行比较，找到利益契合点。这通常需要创业者具有丰富的行业知识和一定的社会关系网络。

（二）资源控制

资源控制的范围包括创业者自身拥有的资源、通过交易等形式可获得的资源，以及通过社会网络等形式可以控制的资源。在特定的行业，创业团队中成员的社会网络资源和技术对于企业的成功至关重要。在获取资源的过程中，需要判断这种资源对实现企业的目标是否具有关键作用，并且创造性地设计出双赢的合作方案，形成长期互利关系。

（三）资源利用

资源利用即在获取和控制大量资源的基础上，对这些资源进行配置和利用，将它们合理有效地配置到最能发挥其使用效益的地方去，体现出这些资源的价值。企业资源在未整合之前大多是零碎的、低效的，要发挥这些资源的最大使用价值，产生最佳效益，就必须运用科学方法对各种类型的资源进行细化、配置和激活，将有价值的资源有机地融

合起来，使它们相互匹配、互为补充、互相增强。

在配置资源之后，新的资源或者说竞争优势就会形成，企业必须利用区别于其他企业的这种优势来赢得市场。在资源整合并转化为企业内部的独特优势之后，创业者需要协调各种资源之间的关系，匹配有用的资源，剥离无用的资源，使资源的联系更加紧密，形成“1+1>2”的局面，并为下一步拓展奠定基础。

（四）资源拓展

资源拓展即将以前没有建立起联系的资源建立联系，将新获取的资源与已有的资源加以联结融合，进一步开发潜在的资源为企业所用，这也是企业持续竞争优势的根本来源。开拓创造过程能为创业企业带来新的能力，从而使其能够更充分地发现和掌握创业机会。

案例研讨

从高建的创业经历看创业资源整合

高建，成都市温江区燎原职业技术学校2001级计算机专业学生，现任温江区幸福田园合作社总经理。

高建从2006年起开始创业。最初，他注册了花木交易网站，利用网络从事花木营销。2007年，他整合100多亩花木种植地，注册了园艺场，向峨眉山景区大批量供货，获得了良好的效益。2010年，在充分积累经验后，高建成功创办了一家专门从事花木营销的公司。

利用互联网将花木销售到全国

2010年，在温江区万春镇政府的支持下，按照抱团发展思路，幸福村将从事花卉苗木栽培的个体农户联合起来，组建了幸福田园花木营销合作社，改变原先由个体农户单打独斗、一盘散沙的局面，实现集约化栽种、统一销售、抱团发展。

鉴于高建在花卉苗木营销方面的突出才能，合作社推选他出任总经理一职。他迅速与温江花木交易中心、成都花木交易所建立合作关系，利用交易中心的平台，将幸福田园的花木销售到全省乃至全国；他对花木栽培的市场前景进行评估，以市场为导向，引导农户科学种植；他带领合作社与某房地产企业合作，大大拓宽了花卉苗木的销路。他深知诚信经营的重要性，为合作社建立起一整套管理和运营制度，降低因不诚信行为带来的风险。由于措施有效、经营有方，吸引了更多的农户入社，顶峰时期入社及辐射会员达500多户。在全体社员的共同努力下，2011年，幸福田园花木营销合作社被评为省级示范农民专业合作社。

在创业取得一定成绩之后，高建还建立了“青年之家”俱乐部，为80后创业青年提供了一个相互帮助、相互促进、彼此交流创业经验的平台。

重视公司制度建设

高建公司的组织结构非常明确，主要有人力资源部、财务部、技术部、经营部等部门。他认为，在公司经营管理的过程中，要明确各部门的工作职责，督促各部门认真履行，杜绝推诿扯皮的现象。

高建参照现代企业的制度管理标准，在万春镇幸福田园花木营销合作社拟定了涵盖人事制度、业务程序、财经制度、公物管理等200多项公司制度。他认为公司必须做到制度管理，用制度来约束人、激励人，这样才能建立起促进公司发展的长效机制。

他还建立了行之有效的激励机制，激励方式包括物质激励、奖惩激励、目标激励、信任激励、情感激励、竞争激励等。其中，物质激励、奖惩激励是核心。他说，精神层面的激励在短期内有效，物质层面激励能长期激发员工的工作积极性。

组建团队

高建认为，作为创业者，必须要有自己的团队。关于组建团队，高建颇有心得。他认为创业团队首先要有核心人物，这个核心人物不一定有着非凡的专业技术，但一定要有出色的协调、管理能力，并有着非凡的战略眼光。

创业团队有了核心人物，必然会聚集一群业务骨干。对于创业领导者而言，前期需要做的是与同伴们相濡以沫。企业逐渐发展壮大，团队也在壮大，过程中必须坚持选贤任能。对于企业管理者而言，他的团队中必须有足够多的业务骨干。领导者须“笼络”住这些骨干，并且为他们提供成长的通道或待遇提升的机会。

建立财务管理制度

关于财务管理，高建的公司除了有这样的部门外，还建立了完善的企业财务管理制度。涵盖企业收入、支出两大类，对物品采购、成本核算、工资管理、财务审计等都有明确细致的规定。他说，一个公司发展壮大的过程，往往也是财务管理制度逐渐完备的过程。公司法人不能抱着“企业我所开，账上资金由我花”的心态，而肆意破坏纪律。公司的支出须科学、合理，企业法人须时刻约束自己，并且管好下属，确保财务管理制度在公司全面推行。

资料来源：王涛，严光玉，刘丽华. 创新创业实践能力训练［M］. 上海：上海交通大学出版社，2016.

研讨问题：作为一个成功的创业者，高建是如何做的？

如何整合外部资源？

课后思考

（1）分析楚汉时期刘邦以弱胜强的人才团队策略。

（2）选取一位创业名人，了解其创业史，分析企业领导者的重要性。

（3）试从经济方面分析许多国家都争相申办奥运会的原因。

第六章　创业实践

学习目标

知识目标：熟悉各种企业组织形式的特点与设立条件；熟悉新企业的注册流程；了解市场营销，掌握市场定位、产品策略、价格策略、分销渠道策略、促销策略的相关知识；熟悉新企业财务管理的相关知识；了解企业的成长周期，掌握新企业成长管理的策略。

能力目标：能够根据实际情况为新企业选择合适的企业组织形式，进行新企业的注册；能够根据企业的实际经营情况制定合适的营销策略、财务管理制度和成长管理策略。

素质目标：自觉培养创建新企业所需的吃苦耐劳品质和意志坚定精神；自觉树立企业管理意识。

主要内容

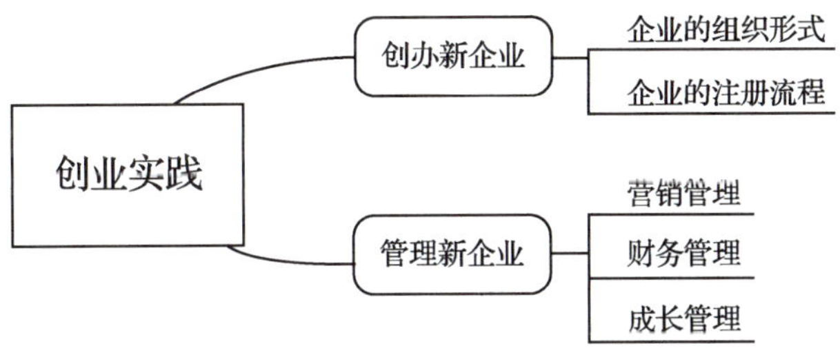

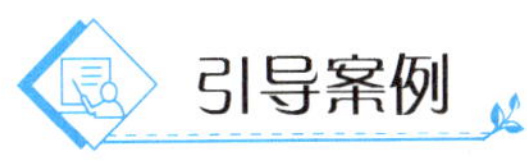

引导案例

丰田公司的产品策略

不断改善，成就竞争优势

丰田公司所有口号中最重要的一个是“不断改善”。与其他公司将精力放在谋求巨大的突破性进展上不同，丰田公司始终如一地将一点一滴的琐事都做得尽善尽美。

丰田公司对 Tercel 汽车的全新开发就充分地体现了丰田公司不断改善、臻于完美的精神。1991 年，丰田公司通过提升行驶速度和乘坐舒适度、降低噪声和车身重量，成功开发了新一代的 Tercel 汽车，使其成为美国市场上销售的最小的微型汽车。在价格方面，它的价格低于 8 000 美元，比通用的新款 Saturn 汽车便宜 100 美元，比其他同类汽车便宜 1 600 美元左右。

管理创新，提高生产效率

丰田公司在进行产品开发的同时还特别注重管理创新，开创了即时生产管理模式，即要求物料供应部门只有在装配流程需要时才向组装厂提供零配件，从而减少了浪费。此外，丰田公司还开发了循环质量管理系统，使得工人也可参与讨论改善他们工作环境的方法，以避免 3DS 情况的发生，即工厂工作的危险性（dangerous）、污秽性（dirty）和严苛性（demanding aspects）。

在产品装配线上，丰田公司的质量管理并不是以零次品率为目标，而是以“生产最好的产品，给予消费者需要的一切”为指引。每个工人对他的前一道工序来讲，就像是前一道工序产品的消费者，因此他自动变成了质量控制的监测员；当一件产品传送到他面前时，如果质量不合格，影响正常装配的话，他就会拒绝接受该产品。正因如此，丰田公司才能在质量、生产和效率方面雄冠全球。

接近客户，提升研发效率

丰田公司的主要工程师除了对新产品从设计制造到营销负完全责任外，他们还与经销商和消费者有直接的联系。正如公司一名工程师所说：“我们更接近消费者，因此新设计、新想法酝酿的时间更短。”丰田公司的工程技术系统可以保证一种新款汽车从概念设计到制造出样车少于 4 年，而同样的工作在德国的奔驰汽车公司则需要 7 年。这大大降低了丰田汽车的研发成本，缩短了研发周期，并使得丰田公司可以根据市场趋势的变化，及时快速调整生产。

坚持不懈，成就卓越品质

正如丰田公司设计中心总经理所说：“我们仅满足于了解大众对产品的一般需求是远远不够的，在 21 世纪，消费者将使更多的产品个性化，以便更多地反映个人不同的需求。”丰田公司紧盯客户的需求，坚持不懈地创新产品，使企业一小步一小步地前进，从而超越了众多竞争对手。

资料来源：https://www.docin.com/p-842404114.html

第一节 创办新企业

一、企业的组织形式

创业过程是一个建立组织和组织逐渐成长、发展的过程。在创业的第一步，除了需要做好资金、资源、心理等准备外，极为重要的一件事就是针对自身情况，选择一个合适的企业组织形式。

企业组织形式是指企业存在的形态和类型，主要有独资企业、合伙企业和公司制企业 3 种。每种企业组织形式各有利弊，选择正确，便可趋利避害；选择不恰当，则会为将来企业的运作带来巨大隐患。

（一）独资企业

独资企业包括国有独资企业和个人独资企业。

1. 国有独资企业

国有独资企业是指企业全部资产归国家所有，国家依照所有权和经营权分离的原则授予企业管理者对企业进行经营管理。国有独资企业依法取得法人资格，实行自主经营、自负盈亏、独立核算，以国家授予其经营管理的财产承担民事责任。

2. 个人独资企业

个人独资企业是指依照《中华人民共和国个人独资企业法》（下称《个人独资企业法》）在中国境内设立，由一个自然人投资，财产为投资人个人所有，投资人以其个人财产对企业债务承担无限责任的经营实体。它是最简单的企业组织形式。

个人独资企业是非法人型企业，其财产权属于投资人个人所有。在企业财产无法清偿债务时，由投资人以个人财产承担债务。个人独资企业尤其适用于初涉市场、资金实力有限的创业者。

根据《个人独资企业法》规定，设立个人独资企业，应当具备下列条件：

（1）投资人为一个自然人。

（2）有合法的企业名称。

（3）有投资人申报的出资。

（4）有固定的生产经营场所和必要的生产经营条件。

（5）有必要的从业人员。

知识小卡片

个人独资企业与个体工商户的区别

个体工商户是指生产资料归劳动者个人所有，以劳动者个人劳动为基础，劳动成果由劳动者个人占有和支配的市场经营主体。个人独资企业与个体工商户的主要区别包括以下5个方面：

（1）出资人不同。个人独资企业的出资人只能是一个自然人；个体工商户既可以由一个自然人出资设立，也可以由家庭共同出资设立。

（2）雇佣人数不同。雇员8人以上为个人独资企业；8人及以下为个体工商户。

（3）承担责任的财产范围不同。一般情况下，个人独资企业的出资人仅以其个人财产对企业债务承担无限责任，只有在企业设立登记时明确以家庭共有财产作为个人出资的才依法以家庭共有财产对企业债务承担无限责任；个体工商户属个人经营的，以个人财产承担债务，属家庭经营的，则以家庭财产承担债务。

（4）适用法律不同。个人独资企业依照《个人独资企业法》设立；个体工商户依照《中华人民共和国民法典》（2021年1月1日生效）和《城乡个体工商户管理暂行条例》等规定设立。

（5）法律地位不同。个人独资企业是经营实体，是一种企业组织形式；个体工商户则不采用企业形式。区分二者的关键在于是否进行了独资企业登记，并领取了独资企业营业执照。

资料来源：https://news.66law.cn/ask/166531.aspx

（二）合伙企业

合伙企业是指依照《中华人民共和国合伙企业法》（下称《合伙企业法》）在中国境内设立的，由两个或两个以上的自然人通过订立合伙协议，共同出资、共同经营、共负盈亏、共担风险的企业组织形式。合伙企业一般无法人资格，不缴纳企业所得税，但要缴纳个人所得税。

合伙企业的类型有普通合伙企业和有限合伙企业。其中，普通合伙企业由普通合伙人组成，合伙人对合伙企业债务承担无限连带责任；有限合伙企业由普通合伙人和有限合伙人组成，普通合伙人对合伙企业债务承担无限连带责任，有限合伙人以其认缴的出资额为限对合伙企业债务承担责任。

根据《合伙企业法》规定，设立合伙企业，应当具备下列条件：

（1）有两个以上合伙人，合伙人为自然人的，应当具有完全民事行为能力。

（2）有书面合伙协议。

（3）有合伙人认缴或者实际缴付的出资。

（4）有合伙企业名称和生产经营场所。

（5）法律、行政法规规定的其他条件。

（三）公司制企业

公司制企业简称“公司”。《中华人民共和国公司法》（下称《公司法》）所指的公司是以营利为目的，由股东出资创设，拥有独立的财产，独立从事生产经营活动，依法享有民事权利，承担民事责任的企业法人。公司包括有限责任公司和股份有限公司两种形式。

1. 有限责任公司

有限责任公司是指两个以上五十个以下股东共同出资，股东以其认缴的出资额为限对公司承担责任，公司以其全部资产对公司的债务承担责任的企业法人。

根据《公司法》规定，设立有限责任公司，应当具备下列条件：

（1）股东符合法定人数。

（2）有符合公司章程规定的全体股东认缴的出资额。

（3）股东共同制定公司章程。

（4）有公司名称和符合有限责任公司要求的组织机构。

（5）有公司住所。

2. 股份有限公司

股份有限公司是指将公司全部资本分为等额股份，股东以其认购的股份为限对公司承担责任，公司以其全部资产对公司的债务承担责任的企业法人。

根据《公司法》规定，设立股份有限公司，应当具备下列条件：

（1）发起人符合法定人数。

（2）有符合公司章程规定的全体发起人认购的股本总额或者募集的实收股本总额。

（3）股份发行、筹办事项符合法律规定。

（4）发起人制定公司章程，采用募集方式设立的须经创立大会通过。

（5）有公司名称和符合股份有限公司要求的组织机构。

（6）有公司住所。

各种企业组织形式没有绝对的好坏之分，对创业者而言，需要考虑的是选择哪种企业组织形式更有利于创业企业的生存与发展。各种企业组织形式的优势与劣势的比较分析如表 6-1 所示。

表 6-1　各种企业组织形式的优势与劣势

企业组织形式	优势	劣势
个人独资企业	① 企业设立、转让和解散等行为手续简便，仅向登记机关登记即可，且费用低。 ② 创业者拥有对企业的控制权。 ③ 企业经营灵活性高，可迅速对市场变化做出反应。 ④ 利润归创业者所有，不需与他人分享。 ⑤ 只需缴纳个人所得税，无须双重纳税。 ⑥ 在技术和经费方面易于保密	① 创业者承担无限责任。 ② 不易从企业外部获得信用资金，筹资困难。 ③ 企业寿命有限，易随创业者的退出而消亡。 ④ 企业的成功更多地依赖创业者的个人能力。 ⑤ 创业者投资的流动性低
合伙企业	① 企业设立较简单和容易，费用低。 ② 企业经营具有高度的灵活性。 ③ 企业资金来源较广，信用度较高	① 普通合伙人承担无限连带责任。 ② 财产转让困难。 ③ 筹资能力有限，企业规模受限。 ④ 企业往往因关键合伙人的退出而解散。 ⑤ 在合伙人对企业经营有分歧时，决策困难
有限责任公司	① 股东只承担有限责任，风险小。 ② 公司具有独立寿命，易于存续。 ③ 公司所有权与经营权分离，聘任职业经理人管理，更能适应市场竞争。 ④ 以出资人的出资额为限承担公司的经营风险。 ⑤ 促使公司形成有效的治理结构。 ⑥ 多元化产权结构有利于科学决策。 ⑦ 可吸纳多个投资人，促进资本集中	① 税收负担较重，存在双重纳税问题（同时缴纳企业所得税与个人所得税）。 ② 不能公开发行股票，筹集资金的规模与渠道受限。 ③ 公司产权不能充分流动，资产运作受限
股份有限公司	① 股东只承担有限责任，风险小。 ② 公司具有独立寿命，易于存续。 ③ 公司产权可以股票形式充分流动。 ④ 可聘任职业经理人管理，管理水平较高。 ⑤ 筹资能力强	① 公司设立程序复杂，费用高。 ② 税收负担较重，存在双重纳税问题。 ③ 限制较多，法规要求比较严格。 ④ 因公司要定期报告其财务状况，故公司的相关事务不能严格保密

课堂互动

马里奥·瓦伦丁拥有一家经营得十分成功的汽车经销商店——瓦伦丁商店。一直以来，瓦伦丁始终坚持独资经营，身兼所有者和管理者两职。现如今，已经 70 多岁的瓦伦丁打算从管理岗位上退下来，但他希望汽车经销商店仍能掌握在自己家族手中，将这份产业留给自己的儿孙。因此，他正在考虑是否应该将他的商店转为公司制经营。为了能够选择正确的企业组织形式，瓦伦丁制定了如下 5 个目标。

（1）所有权目标：瓦伦丁希望他的两个儿子各拥有 25%的股份、5 个孙子各拥有 10%的股份，这样就能保证商店所有权掌握在自己家族成员手中。

（2）存续能力目标：瓦伦丁希望即使发生儿孙死亡或放弃所有权的情况，也不会影响商店经营的存续。

（3）管理目标：瓦伦丁希望将商店交给资深雇员乔·汉兹来管理。瓦伦丁认为他的儿孙们不具有经济头脑，也没有任何管理经验，所以不希望他们参与日常管理工作。而乔·汉兹不但毕业于有名的商学院，还长期服务于瓦伦丁商店，从普通店员一直做到高级管理人员，相较于自己的儿孙来说更具有专业知识和管理经验。

（4）所得税目标：瓦伦丁希望商店采取的企业组织形式可以尽可能减少他的儿孙们应缴纳的所得税。同时，每年的经营所得都可以尽可能多地分配给商店的所有权人。

（5）所有者的债务：虽然商店已经在保险公司投了保，但瓦伦丁还是希望能够确保在商店发生意外情况或经营不善发生损失时，儿孙们的个人财产不会因此受任何影响。

阅读上述材料，请同学们根据瓦伦丁老先生的这 5 个目标，再结合不同企业组织形式的特点，分析瓦伦丁商店应该选择哪种企业组织形式。

二、企业的注册流程

企业注册是指创业者根据国家法律法规的相关规定获得合法经营手续的行为。在我国，企业注册的一般流程如下。

（一）预先核准企业名称

我国在企业登记工作中实行公司名称预先核准制。申请企业名称预先核准时，应由新企业的代表或其委托代表人向登记主管部门提出名称预先核准申请，并提交如下文件：① 有限责任公司的全体股东或者股份有限公司的全体发起人签署的《企业名称预先核准申请书》；② 股东或发起人的法人资格证明或者自然人的身份证明；③ 公司登记机关要求提交的其他文件。

知识小卡片

企业名称

一个设计独特、易读易记，并富有艺术和形象性的企业名称，能迅速抓住大众的视线，诱发其浓厚的兴趣和丰富的想象，使之留下深刻的印象。

企业名称一般由字号（商号）、所属行业（经营特点）、组织形式三部分组成，前面可以加上所在地区行政区域名称。

（1）行政区划。行政区划是指本企业所在地县级以上行政区域的名称或地名。除国务院决定设立的企业外，企业名称一般不得冠以“中国”“中华”“全国”“国家”“国际”等字样。

（2）字号。企业名称中的字号应当由两个以上的汉字组成，行政区域名称不得用作字号，但县级以上行政区域地名具有其他含义的除外。此外，企业名称中的字号也可以使用自然人投资人的姓名。

（3）行业。企业名称中的行业应当由反映企业经营活动所属国民经济行业或反映企业经营特点的用语组成。企业名称中的行业特点应与主营行业相一致。企业经营活动分别属于国民经济行业不同大类的，应当选择主要经营活动所属的国民经济行业。

（4）组织形式。依据《公司法》《中华人民共和国外商投资法》申请登记的企业名称，组织形式为有限公司（有限责任公司）或者股份有限公司；依据其他法律、法规申请登记的企业名称（如合伙企业、个人独资企业等），组织形式不得为“有限公司（有限责任公司）”或者“股份有限公司”；非公司制企业可以“厂”“店”“部”等命名。

例如，延安恒兴监理咨询有限公司，延安为行政区划，恒兴为字号，监理咨询为行业，有限公司为组织形式，其中起主要识别作用的是字号，即恒兴。

资料来源：http://sd.ifeng.com/a/20180615/6657673_0.shtml

（二）工商注册登记

1. 填写登记申请书

创业者应当按照国家市场监督总局制定的申请书格式文本提交申请，并按照企业登记法律、行政法规和国家市场监督总局的相关规定提交有关材料。涉及企业登记前置许可项目的，创业者应当提交法定形式的许可证件或者批准文件。

2. 办理证照码

营业执照是指工商行政管理机关发给工商企业、个体工商户的准许从事某项生产经营活动的凭证。没有营业执照的工商企业或个体工商户一律不许开业，不得刻制公章、签订合同、注册商标、刊登广告，银行不予开立账户。企业的营业执照类型有个体独资企业营业执照、合伙企业营业执照、企业法人营业执照等。

2016 年 6 月 30 日，国务院办公厅发布了《关于加快推进“五证合一、一照一码”登记制度改革的通知》，从 2016 年 10 月 1 日起正式实施“五证合一、一照一码”登记制度。在全面实施工商营业执照、组织机构代码证、税务登记证“三证合一”登记制度改革的基础上，整合原来由人力资源和社会保障部门核发的社会保险登记证和由统计部门核发的统计登记证，通过“一窗受理、互联互通、信息共享”方式，由工商行政管理部门依法审查后核发一个带有法人和其他组织统一社会信用代码的营业执照。

知识小卡片

个体工商户“两证整合”登记制度

个体工商户“两证整合”登记制度是指将个体工商户登记时依次申请，分别由工商行政管理部门（市场监督管理部门）核发营业执照、税务部门核发税务登记证，改为一次申请、由工商行政管理部门（市场监督管理部门）核发一个营业执照（“两证合一、一照一码”营业执照）。“两证整合”登记制度是“三证合一”登记制度向个体工商户的延伸。

2015 年，“三证合一”制度的实行，进一步优化了企业的市场准入流程，减少了重复性审查，推动了相关部门工作的整合和信息共享，降低了设立企业的制度性成本，激发了市场活力，有力地推动了大众创业、万众创新。但是，“三证合一”的改革中并没有包括个体工商户，个体工商户依然要到工商、税务两个部门分别办理登记手续。

2016 年 8 月，工商总局、税务总局、国家发展改革委、国务院法制办四部门制定发布了《关于实施个体工商户营业执照和税务登记证“两证整合”的意见》。2016 年 12 月 1 日起，个体工商户“两证整合”改革在全国范围内实施。

资料来源：https://www.jscj.com/cwkjs/cknews/1610/81365.html

（三）刻制印章

新企业领取营业执照后，创业者须到所在地公安局特行科办理新企业印章刻制手续，并向公安局特行科提供相关文件，包括营业执照、法定代表人身份证证明等。待审批后，再到指定的印章刻制单位刻制新企业印章，包括公司章、法人章、合同专用章、财务专用章等。

新企业印章完成刻制后，创业者还须到公安机关及相应的主管部门进行印鉴备案。需要说明的是，企业印章、企业牌匾、企业银行账户、企业信笺所使用的名称应与新企业在工商行政管理机关登记注册的名称相一致。

（四）开立银行账户

银行账户是各单位为办理结算和申请贷款在银行开立的户头，也是单位委托银行办理信贷与转账结算及现金支付业务的工具，它具有监督和反映国民经济各部门、各单位活动的作用。根据《人民币银行结算账户管理办法》，银行账户分为基本存款账户、一般存款账户、临时存款账户和专用存款账户，各类账户均有不同的设置和开户条件。

开立银行账户的程序通常包括以下几个步骤。

（1）选定开户银行，向该银行领取开户申请书，如实填写并由主管部门审核盖章后，附上银行开户许可证、营业执照正本及复印件交开户银行审核。

（2）开户银行同意开户后，送交预留印鉴，包括企业财务专用章、法人章。

按银行结算要求，企业只能开设一个基本存款账户。根据业务需要，企业可以向开户银行购领有关结算凭证，如现金缴款单、支票等，所需款项可用现金支付，也可由银行转账支付。

案例研讨

腾讯公司的股权和管理权设计

2003 年秋天，马化腾与他的同学张志东合资注册了深圳腾讯计算机系统有限公司（以下简称“腾讯”），之后又吸纳了曾李青、许晨晔、陈一丹三位股东。为避免彼此争夺权力，马化腾在腾讯创立之初就和4位伙伴约定：各展所长、各管一摊。

腾讯创立之初，创始团队的5人一共凑了50万元，其职位、出资、股权情况如下：

马化腾，首席执行官，出资23.75万元，占47.5%的股权；

张志东，首席技术官，出资10万元，占20%的股权；

陈一丹，首席行政官，出资5万元，占10%的股权；

许晨晔，首席信息官，出资5万元，占10%的股权；

曾李青，首席运营官，出资6.25万元，占12.5%的股权。

众所周知，很多企业创立之初分配股权时，创始人喜欢占股51%或67%以上，那么，为什么腾讯没有这样分配股权呢？马化腾说，这样分配股权的原因主要有3个。

第一，根据合伙人的分工和能力分配股权。马化腾在接受多家媒体的联合采访时说，他最开始也考虑过和张志东、曾李青三人均分股权的方法，但最后还是采取了根据分工和能力分配股权的方法。产品、技术和运营是腾讯的三个支柱，所以负责相应模块的合伙人就应拿到较多的股权。在马化腾看来，未来的潜力要和股权相匹配，不匹配就会出问题。

第二，创始人一定要出主要的资金，占大股。马化腾说，企业“如果没有一个主心骨，股权大家平分，未来肯定会出问题”。所以创业早期的资金主要由马化腾来出，占大股。

第三，要一股独大，但不要一股太大。马化腾说，“要他们的总和比我多一点点，不要形成一种垄断、独裁的局面”。

资料来源：https://www.sohu.com/a/314462879_99916735

研讨问题：根据案例资料，分析腾讯公司股权设计和管理权设计之间的关系。

注册公司的一般流程

第二节　管理新企业

一、营销管理

企业营销活动的实质是一个利用内部可控因素适应外部环境的过程，即通过对市场、产品、价格、分销渠道、促销的计划和实施，对外部不可控因素做出积极的反应，从而促成交易的实现，以及个人与组织目标的完成。

（一）市场定位

企业营销的首要工作是找准目标市场，即市场定位。市场定位的主要任务是，明确自己的产品与竞争者相比的特色与优势，充分突出新企业及产品在市场上的新颖性、显著性及差异性，以获得消费者的认可与青睐。

1. 市场定位的依据

（1）产品特色。构成产品内在特色的许多因素都可以作为市场定位的依据，如所含成分、材料、质量、价格等。例如，“七喜”汽水的定位是“非可乐”，强调它不含咖啡因，与可乐类饮料不同；“泰宁诺”止痛药的定位是“非阿司匹林的止痛药”，显示药物成分与以往的止痛药有本质的差别。

（2）产品用途。为老产品寻找一种新用途，是为该产品确定新的市场定位的好方法。曾有一家生产曲奇饼干的厂家，最初将其产品定位为家庭休闲食品，后来发现不少消费者购买该产品是为了馈赠，又将之定位为礼品。

（3）消费者利益。产品提供给消费者的利益是消费者最能切实体验到的，也可作为市场定位的依据。

（4）消费者类型。企业常常试图将其产品指向某一类特定的消费者，以便根据这些消费者的看法塑造恰当的形象。

2. 市场定位的策略

（1）避强定位。这是一种避开强有力的竞争对手进行定位的模式。新企业可以避开竞争强手，瞄准市场“空隙”，开发特色产品，开拓新的市场领域。这种定位策略有助于企业迅速在市场上站稳脚跟，并在消费者心中尽快树立起一定的形象，市场风险较小，常常为大多数企业所采用。

（2）迎头定位。这是一种与市场强势者对着干的定位策略，是“冒险家的游戏”，即新企业选择与竞争者正面对抗，争取同样的目标消费者。要实行这种策略，新企业必须做到知己知彼，要了解市场上是否可以容纳两个或两个以上的竞争者，自己是否拥有比竞争者更多的资源和能力，是否能比竞争者做得更好。同时，实行这种策略时，新企业要选择恰当的市场进入时机与地点。

（3）重新定位。重新定位策略通常是指对那些销量少、市场反应差的产品进行第二次定位。例如，某家企业生产的石英钟由于设计无特色，又无价格优势，因而销量很差。为此，该企业对产品进行了重新设计，将石英钟设计成了各种装饰品形状，其外观新颖、充满了艺术气息，因此，产品一上市就受到了市场的追捧。虽然价格较一般石英钟高了不少，但销量依然节节攀升。

（二）产品策略

产品策略是指企业以向目标市场提供各种适合消费者需求的有形和无形产品的方式来实现其营销目标的营销策略，包括对与产品有关的品种、规格、包装、特色、商标、品牌及各种服务措施等可控因素的组合和运用。

产品策略是市场营销组合策略的基础，从一定意义上讲，企业成功与发展的关键在于产品满足消费者需求的程度，以及产品策略的正确性。

1．产品的整体概念

市场营销中所指的产品是一个整体概念，它包含 5 个层次，即核心产品、形式产品、期望产品、附加产品和潜在产品，如图 6-1 所示。

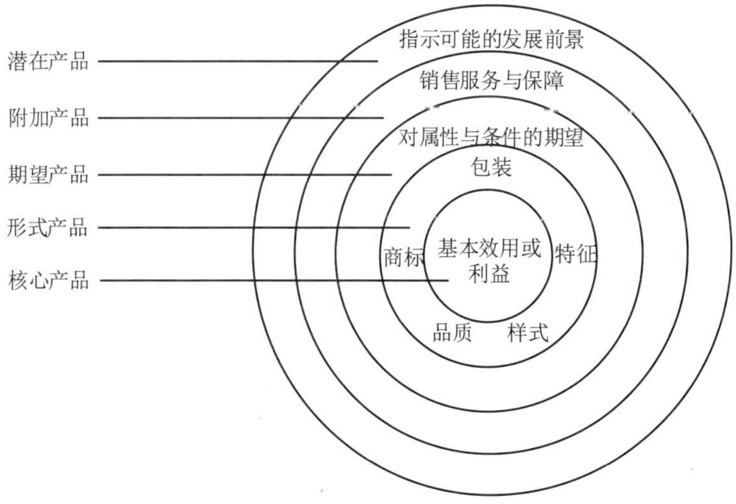

图 6-1　产品整体概念的 5 个层次

（1）核心产品，也称实质产品，是指产品能向消费者提供的基本效用或利益，是消费者真正要购买的东西。它是产品整体概念中最基本、最主要的部分。例如，消费者购买洗衣机是为了能够省时省力地清洗衣物。

（2）形式产品是指核心产品借以实现的外在形式，包括产品的品质、样式、特征、商标、包装等。

（3）期望产品是指消费者在购买产品时，期望得到的与产品密切相关的一整套属性和条件。例如，对于购买洗衣机的消费者来说，在期望能够通过该产品省时省力地清洗衣物的同时，还期望其不会损坏衣物，使用时噪声小、方便进水，外形美观等。

（4）附加产品是指产品附带的各种利益的总和，包括运送、安装、维修、技术培训等所有服务项目。

（5）潜在产品是指现有产品可能发展成为未来最终产品的潜在状态的产品。它反映了现有产品可能的演变趋势和前景。

2．产品的组合策略

产品组合是指某一企业所生产或销售的全部产品线和产品项目的组合或搭配。产品线是指产品组合中的某一产品大类，是一组密切相关的产品。这组产品都能满足某种需要，或必须一起使用，或售给同一类消费者，或经由相同的渠道，或在同一价格范围内出售。产品项目是指产品大类中各种不同品种、档次、质量和价格的特定产品。

优化产品组合，可依据不同情况采取不同策略。一般来说，主要有以下几种。

（1）扩大产品组合策略，即在原产品组合中增加产品线，扩大经营范围；或者在原有产品线内增加新的产品项目。企业预测现有产品线的销售额和盈利率在未来可能下降时，就必须考虑在现有产品组合中增加新的产品线，或加强其中有发展潜力的产品线。

（2）缩减产品组合策略。在市场不景气或原料、能源供应紧张时，企业可缩减产品线，剔除那些获利小甚至亏损的产品线或产品项目，集中力量发展获利多的产品线和产品项目。

（3）产品线延伸策略，即全部或部分改变原有产品的市场定位的策略，具体有 3 种实现方式：① 向下延伸，即在高档产品线中增加低档产品项目；② 向上延伸，即在原有产品线内增加高档产品项目；③ 双向延伸，即原定位于中档产品市场的企业掌握了市场优势以后，向产品线的上下两个方向延伸。

（4）产品线现代化策略。现代社会科技发展突飞猛进，产品开发也是日新月异，产品的现代化成为一种不可改变的大趋势，产品线也必然需要进行现代化改造。

（5）产品线号召策略，即企业在产品线中选择一个或少数几个产品项目加以精心打造，使之成为颇具特色的号召性产品去吸引消费者。

3．产品的生命周期策略

产品生命周期是指产品从进入市场开始，直到最终退出市场为止所经历的市场生命循环过程。其一般可分为4个阶段，即导入期、成长期、成熟期和衰退期。

（1）导入期。这一时期，产品刚刚投放市场，产量低，销量增长缓慢，宣传费用高，企业投入较大；同时由于产品质量和性能还不稳定，以及市场的不确定性因素较多，风险也较大。但这一时期同类产品的生产者少，竞争对手少。因此，在这一时期，企业应把握好产品进入市场的时机，设法把销售力量直接投向潜在消费者，使市场尽快接受该产品。

（2）成长期。这一时期，产品的市场局面打开，销量迅速增长，企业利润持续增长，但竞争也日益激烈。该时期企业营销策略的重点应放在创立名牌、提高消费者偏爱度上，促使消费者在面对竞争者产品时更喜爱本企业的产品，从而提高市场占有率。

（3）成熟期。这一时期，产品已为绝大多数潜在消费者接受，销量增长缓慢，甚至到后期，销量开始负增长。由于竞争加剧，企业的各项成本增加，使其利润水平持平甚至开始下降。该时期企业可选择以下 3 种策略改善这种情况：① 市场改进策略，即开发新市场、寻求新用户；② 产品改进策略，即改进产品的品质或服务后再投放市场；③ 营销组合改进策略，即通过改变定价、销售渠道及促销方式来延长产品成熟期。

（4）衰退期。这一时期，产品的需求量、销量和利润迅速下降，多数竞争者被迫退出市场。因此，在这一时期，企业可将销售维持在一个低水平上，待到适当时机，便停止该产品的经营，退出市场。

（二）价格策略

价格通常是影响交易成败的重要因素，同时又是市场营销组合中最难以确定的因素。企业定价的目标是促进销售，获取利润，这要求企业在定价时既要考虑成本的补偿，又要考虑消费者对价格的接受能力。

价格策略是指企业以按照市场规律确定价格和变动价格等方式来实现其营销目标的营销策略，包括对与定价有关的基本价格、折扣价格、补贴、付款期限、商业信用，以及各种定价方法和定价技巧等可控因素的组合和运用。

1．定价方法

（1）成本导向定价法，即以产品单位成本为基本依据，再加上预期利润来确定产品价格的定价方法。成本导向定价法是企业最常用的定价方法，包括总成本加成定价法、目标收益定价法、边际成本定价法、盈亏平衡定价法等几种具体的定价方法。

（2）需求导向定价法，即根据消费者对产品的需求差异、需求强度和对产品价值的认识来确定产品价格的定价方法，包括认知价值定价法、反向定价法和需求差异定价法3种。利用这种方法定价时不需要考虑企业成本和市场竞争情况。

2. 定价策略

（1）撇脂定价策略，即在新产品投放市场的初期，利用消费者求新、求奇的心理动机和竞争对手较少的有利条件，以高价销售，在短期内获得尽可能多的利润，是一种高价策略。采用撇脂定价策略，必须具备两个基本条件：一是产品必须新颖，具有较明显的质量、性能优势，并且有较大的市场需求量；二是产品必须有特色，且短期内竞争者无法仿制或推出类似产品。

（2）渗透定价策略，即在新产品投放市场的初期，将产品价格定得低于消费者的预期，给消费者以物美价廉的感觉，借此打开销路，占领市场，是一种低价策略。渗透定价策略适用于资金实力雄厚、生产能力强、在扩大生产以后有降低成本潜力的企业，或者新技术已经公开，竞争者纷纷仿效生产，抑或需求弹性较大，市场上已有替代品的中高档消费品。

（3）满意定价策略是一种介于撇脂定价策略和渗透定价策略之间的定价策略。其所定的价格比撇脂价格低，比渗透价格要高，是一种中间价格。这种定价策略由于能使生产者和消费者都比较满意而得名。

（4）组合定价策略是指企业根据各种产品之间的价格关系，进行组合定价的一种定价策略。它包括系列产品定价策略、互补产品定价策略和成套产品定价策略。

（5）心理定价策略是指企业根据消费者的心理，有意识地迎合消费者的某些心理需求而采取的一种定价策略。心理定价策略可以达到扩大市场销售、获得最大效益的目的，主要包括整数定价、尾数定价、声望定价和招徕定价。

（6）折扣定价策略是指企业对价格做出一定的让步，直接或间接降低价格，扩大产品销量的一种定价策略。其中，直接折扣的形式有现金折扣、数量折扣、功能折扣和季节折扣，间接折扣的形式有佣金和补贴。

（7）差别定价策略，也称价格歧视，是指企业按照两种或两种以上不反映成本费用的差别价格销售某种产品或服务的一种定价策略。它主要包括消费者差别定价、产品形式差别定价、产品部位差别定价和销售时间差别定价。

（四）分销渠道策略

分销渠道策略是指企业以合理选择分销渠道和组织产品实体流通的方式来实现其营销目标的营销策略，包括对与分销渠道有关的渠道覆盖面、产品流转环节、中间商、网点设置，以及储存运输等可控因素的组合和运用。

1. 分销渠道系统的发展

20 世纪 80 年代以来，分销渠道系统突破了由生产者、批发商、零售商和消费者组成的传统模式，产生了垂直渠道系统、水平渠道系统和多渠道系统 3 种新模式。

（1）垂直渠道系统。这是由生产者、批发商和零售商组成的一种统一的联合体。渠道中实力最强的渠道成员将会成为领导者（可以是批发商，也可以是零售商或生产者），渠道成员统一规划，协调行动。

（2）水平渠道系统。这是由两个或两个以上独立企业通过某种形式的合作，共同开发新的市场机会而形成的渠道系统。这种合作可能是暂时的，也可能是永久的。这种渠道系统可发挥群体作用，共担风险，获取最佳效益。

（3）多渠道系统。这是指企业在一个或几个细分市场，同时使用多种渠道进行营销的渠道系统。这种渠道一般分为两种形式：一是生产者通过多种渠道销售同一品牌的产品，这种形式容易引起不同渠道间激烈的竞争；二是生产者通过多种渠道销售不同品牌的产品。

2. 分销渠道战略决策

开始时，绝大多数新企业都会考虑借用现成的外部渠道而不是自建渠道。其中，对于快速消费品企业而言，其自有销售人员的任务主要是开展渠道服务和促销工作；对于耐用消费品企业而言，则会有服务于渠道的销售队伍和外聘的终端促销人员队伍。当品牌发展到一定程度后，企业可以考虑自建销售公司和品牌专卖店。工业品企业一般既有外部渠道也有自建渠道，通常，其自建的销售队伍主要用来开发大客户，而传统的代理或经销渠道主要用来满足中小客户的需求。

提　示

快速消费品是指使用寿命较短、消费速度较快的消费品，主要包括日化用品、食品饮料、烟酒等；耐用消费品是指使用寿命较长、一次性投资较大的消费品，主要包括（但不限于）家用电器、家具、汽车等。

3. 分销渠道管理

新企业需要对分销渠道进行长期的管理和维护，持续改进渠道绩效。

首先，新企业需要对渠道成员的资源能力、合作意愿和行业口碑等方面进行综合评价，从中选择那些资源能力符合要求、合作意愿强烈且口碑不错的渠道作为合作伙伴。

其次，新企业需要对渠道成员进行培训，包括产品知识和营销技巧的培训，这种培训能直接提高渠道成员的销售能力和意愿。

再次，新企业需要制定一套激励措施，定期给予渠道成员一定的激励，如年终返点、销售竞赛活动奖励等。

最后，新企业需要对渠道成员的绩效进行评估，包括销售指标完成情况、合作水平、特别贡献等方面，对绩效优异的渠道成员进行奖励和经验推广，对于绩效不理想的渠道成员，则寻找原因加以改进甚至予以更换。

4. 终端销售点选择

终端销售点是企业实现自己经营目标的前沿阵地。企业的产品最终能否销售出去，以及企业最终能否实现理想的经济效益，都与终端销售点的选择和经营密切相关。企业在选择终端销售点时，需要综合考虑产品特性、消费者购买力、消费者活动范围、消费者心理特征、竞争对手情况及销售方式等多种因素。

（五）促销策略

促销策略，也称宣传策略，是指企业以利用各种信息传播手段刺激消费者购买欲望，促进产品销售的方式来实现其营销目标的营销策略，包括对与促销有关的广告、人员推销、营业推广及公共关系等可控因素的组合和运用。

1. 广告宣传策略

广告是广告主以促进销售为目的，付出一定的费用，通过特定的媒体传播产品或服务等有关信息的大众传播活动。作为一种传递信息的活动，广告是企业在促销中普遍重视且应用最广的促销方式。

广告宣传一般有塑造企业及其产品、商标信誉和声望的形象广告；有展示、介绍、宣传产品特点和优点的产品广告；也有刺激消费者购买欲望的产品定位广告；等等。广告宣传的关键是在真实性的前提下，迎合消费者的心理和需求，创新意、出奇招，从而给消费者留下美好而深刻的印象。广告宣传策略需要根据不同的产品、不同的消费群体、不同的市场情况及竞争对手的情况等来制订。

2. 人员推销策略

人员推销是人类社会最古老的促销手段之一。随着市场经济的发展，人员推销的内容不断扩充，成为现代营销一种重要的促销方式。

所谓人员推销，是指通过推销人员与中间商或消费者进行直接沟通，宣传介绍产品，使中间商或消费者购买的促销方式。与其他促销方式相比，人员推销最大的特点是推销人员直接与目标客户接触，因而能及时了解客户的需求。

人员推销主要包括两种组织形式：一种是建立自己的销售队伍，即利用本企业的推销人员来推销产品，如销售经理、销售代表等；另一种是利用合同销售人员，如代理商、经销商等。

3. 营业推广策略

营业推广，也称销售促进，是指企业在短期内为了提升销量而采取的各种促销方式，如有奖销售、赠送或试用样品、减价折扣销售等。通过采取这些方式，企业可以有效地刺激消费者的购买欲望，并且能在短期内收到显著的促销效果。

营业推广的好处是可以通过强有力的刺激迅速增加企业的销售收入，但必须注意的是，营业推广的最终目标仍然是实现企业的营销目标。如果营业推广使用不当，急功近利，不但不会吸引消费者，反而会引起消费者的怀疑和反感，进而对企业及企业的品牌造成负面影响。

4. 公共关系宣传策略

公共关系宣传策略是争取潜在消费者的了解、信任和支持，以树立良好的企业和产品信誉、形象的促销策略。它通过对公众态度的估量，从公众利益出发确定企业的促销对策，从而与广泛的潜在消费者交流、沟通。

公共关系宣传策略一般包括以下几种：一是通过大众媒介进行新闻报道，获得公众的了解、信任和支持；二是通过庆祝会、纪念会、赞助社会活动等社会性策略，提高企业的知名度和影响力；三是通过舆论调查、民意测验、投诉、听取意见等征询性策略，了解消费者的意见，增进与消费者的交流。

二、财务管理

从企业会计学理论上讲，资本是指所有者投入生产经营，且能产生效益的资金。资本是企业经营活动的一项基本要素，是企业创建、生存和发展的一个必要条件。企业创建需要具备必要的资本条件，企业生存需要保持一定的资本规模，企业发展需要不断地筹集资本。

财务管理是在一定的整体目标下，关于资产的购置（投资）、资本的融通（筹资）和经营中现金流量（营运资金），以及利润分配的管理。财务管理是企业管理的一个重要组成部分，它是根据财经法规制度，按照财务管理的原则，组织企业财务活动，处理财务关系的一项经济管理工作。

（一）财务管理的职能

（1）算好账。会计核算是企业财务管理的支撑，是企业财务管理最基础、最重要的职能之一。会计核算通过价值手段来记录企业经营过程，反映经营得失，报告经营成果。不过，由于会计核算只有在业务发生后才能进行，因此会计核算属于事后反映。

（2）管好“钱”。对于企业来说，资金的运用与管理是一件非常重要的事情。企业财务部门的重要职能之一就是资金的筹集、调度与监管，简单地说就是把企业的“钱”管好。

（3）理好关系。企业经营过程中所涉及的财务关系有很多，既有企业内部各部门之间的关系，也有企业与外部各供应商及银行、税务、工商等政府部门之间的关系，财务部门应协调好这些关系。

（4）监控好资产。财务部门可通过定期与不定期的资产抽查与盘点，将企业资产实物与财务记录数据进行对比，查看是否相符，以保证财务记录的真实性，以及企业资产的安全性与完整性。

（5）管好信用。企业的信用政策往往与销售业绩直接联系在一起，根据企业管理中的相互制约原则，企业信用管理工作一般由财务部门负责。管好客户信用能够降低企业呆坏账的发生率。作为企业财务管理的重要内容之一，信用管理越来越受到企业的重视。

（6）做好参谋。企业财务部门应在会计核算与分析的基础上，为企业生产经营、融资、投资方案等提供好决策数据，做好参谋。

（7）计好绩效。绩效考核中的大部分计算工作都由企业财务部门负责。

（二）财务管理的注意事项

（1）掌握资金运动规律。财务管理人员应注重从公司经济、市场经济、产业经济的角度出发，对财务问题进行多方面的考虑。

（2）更新方法。财务管理人员不但要注重质的分析，更要注重量的分析，应通过专业的财务分析方法与管理工具，优化财务决策。

（3）充实内容。财务管理人员不能只管资金的收支，还要熟悉在资本市场上融通资金的业务，有效地进行资金预算和现金计划的编制、应收账款和存货等营运资金的管理与控制、长期投资的可行性研究、投资收益的评估等。

（4）收益与风险的权衡。财务管理人员要能够评价和计量经营风险和财务风险，避免企业承担过高的风险。在追求收益的同时，要努力分散和规避风险。

（5）研究资金成本。财务管理人员要注意探讨不同筹资方式下资金成本的计算方法，以及怎样以最低的代价筹集企业生产经营所必需的资金。

（6）关注财务所涉及的法律问题。财务管理人员有必要了解资本市场的交易规则、各类金融工具的权责关系、举债经营的法律责任等问题，同时还要掌握税法。

（7）研究目标资本结构。财务管理人员要根据企业内外环境的变化，优化企业的资本结构，合理利用经营杠杆和财务杠杆，使企业在良好的财务状态下获得最大的收益。

（8）注意通货膨胀。在进行投资和融资决策及资产管理时，财务管理人员要注意分析通货膨胀对企业财务的影响，合理调整财务数据，以便正确地评价企业的财务状况。

（9）学习国际财务的相关知识，如外汇风险的规避、国际投资与融资等。

（10）确保财务安全。财务管理人员要能够准确评价企业的财务状况，预防出现财务危机。当企业处于财务困境时，要有能力提供相应的对策。

（三）财务管理的关键

1. 加强现金流的预算与控制

企业财务管理首先应关注现金流，而不是会计利润。现金流是企业的命脉，其预算与控制是财务管理的一个关键点。新企业需要通过现金流预算管理来做好现金流控制，确保企业的账上有不少于 6 个月的现金储备（完成一轮融资通常需要 6 个月的时间），以避免资金断流。

知识小卡片

新企业现金流需求的预测

新企业预测现金流需求，可以按照以下 3 个步骤进行。

1. 预测收入

预测收入的逻辑很简单，只需要根据产品或服务的定价，对销售进行预测即可。

由于新企业大多规模小，初期资金紧张，必须精打细算，对销售要按照月度来做预测。预测最好做两份，一份“保守的”，一份“乐观的”。

以一家运动耳机公司为例，如果采用分销方式销售，可以向分销商了解每月大概可以卖出多少个运动耳机。如果采用直销方式销售，则需要考虑广告的投放。例如，该公司在某杂志上做广告，杂志发行量 10 万份，一般的广告有效率是 2‰～3‰（一些广告测评机构可以提供类似数据），所以一期杂志最多可以带来 300（100 000×3‰）个消费者。

一般来说，投资人会要求创业者做 3—5 年的收入预测。

2．计算成本

成本一般包括以下几种：① 固定成本，具体包括人员工资、房租、保险费、职工福利费、办公费等。② 可变成本，具体包括原材料成本、包装费、运输费等。③ 销售成本，具体包括广告费、销售费用、客户服务费用等。④ 设备投入，具体包括装修费，以及办公家具、电脑、服务器、生产设备等采购费。

3．分析和调整

把每月的收入预测和成本预测对应着放入同一个时间框架中，就会得出新企业的现金流量表。此时应首先找到收支平衡点，把收支平衡点之前的所有亏损加在一起，就可以得出需要为企业准备的资金数目。

当然，企业的现金流需求预测不是一成不变的，每个月都应该根据企业的实际运营情况进行相应的调整，使之更符合现实、更加优化。如果实际情况和预测总是相差甚远，要及时找出原因并调整，否则应立即停下来，重新考虑企业未来的发展策略。

资料来源：

http://www.mba.org.cn/html/2014/de_fengyujingshanglu5_0807/23100.html

2．仔细权衡投资的回报与付出

即使在产品销售情况良好、短期现金流充裕的情况下，新企业仍然需要全面考虑新增投资的回报率和回收期，以及由新增投资所带来的对企业现有能力的挑战。

3．充分利用产业平台

对于高新企业，应该充分利用所在地区的园区、孵化器等产业平台，争取政府基金及相关政策的支持。这是一种成本相对较低的缓解现金流短缺的方法。孵化器通常是大量政府政策资源的聚集地，孵化器内的新企业在政策资源上有着得天独厚的优势，通过关注、利用政府制定的相关法律条例，创业者有可能争取到政策性低息贷款或无偿扶持基金（如创新基金），以及写字楼或者孵化器提供的廉价房租等。

4．增收节支，开源节流

开源节流是企业经营中最常用的手段和策略。节流不是简单地减少支出，而是通过分析费用支出结构、支出的必要性和经济性，采取相应的措施来改善费用支出的使用效果。

对于新企业来讲，研发费用和销售费用是加强管理和控制的主要对象。在研发投入上，技术偏好创业团队特别容易只关注技术本身而忽略成果的市场需求。在营销投入上，除了规范内部制度外，还需要特别注意以下两个倾向：第一，避免将短期的成功简单地复制到未来的营销策略上；第二，避免病急乱投医，在企业遇到困难时自乱阵脚。新企业往往对市场导入期估计不足，实施几次营销策略不见明显成效时就乱了方寸，导致胡乱投入，浪费资金，从而陷入更深的危机之中。

5．财务风险控制

处于初创期或成长期的企业，需要大量的营运资金来支付快速增加的应付账款，因此，举债经营成为企业发展的途径之一。但是，由于负债要支付利息，债务到期要及时偿还，因此，新企业必须正确、客观地评估财务风险，采取稳健的财务策略。

6．资金控制

在市场竞争异常激烈的今天，新企业往往不得不用信用形式进行业务交易，从而导致经营中的应收账款的比重较大。应收账款是指尚未收回的货款或所提供服务应得的款项。许多大企业认为可以延迟支付小企业或新企业的欠款，因为小企业或新企业几乎没有讨价议价的能力。另外，许多新企业经常通过更高的信用标准来获得业务，但这样做的隐患很大，许多新企业都是由于未能及时收回欠款而破产的。

应收账款是一个重要的财务控制点。新企业要控制好应收账款，应做到以下几点：一是客观评价客户资信程度；二是建立合理的信用标准；三是对所发生的应收账款和客户强化管理，制订催款计划，定期向赊销客户寄送对账单和催缴欠款通知书，或者拨打催款电话，同时要对经常性业务往来的赊销客户进行单独管理。

三、成长管理

企业的发展与成长，一般会经历初创期、成长期、成熟期和衰退期四个阶段。人们一般把处于初创期和成长期的企业界定为新企业，在这两个阶段，由于企业经验欠缺、实力不足、管理不规范，因此，企业面临的风险较大，稍有不慎，就会前功尽弃。

（一）企业发展阶段

研究企业发展阶段的目的是为处于不同生命周期阶段的企业找到能够与其特点相适应，并能不断促其发展的特定组织结构形式和内部管理模式。

1. 初创期

初创期是企业不断摸索、学习和求得生存的一个阶段。由于企业刚刚成立，企业创始人的素质或风格关系到企业的成败，企业创始人是一切的核心。

在这一阶段，企业管理一般不规范，往往没有明确的规章制度，经营方针比较模糊，也没有明确的战略和成型的企业文化。总体来看，企业的经营和管理处于一种不断摸索的状态之中，但这一阶段企业的创新能力最强。

随着企业的成长，当具有创造性思想但管理不正规的企业创始人被过多细小的事务和具体的经营问题所困扰，不再能够有效地管理企业时，创业者就要对企业进行变革，调整企业的组织结构并建立一个正规的领导班子，从而使企业过渡到成长期。

2. 成长期

成长期是企业的快速发展阶段。在这一阶段，企业的产品开始为客户所接受，市场份额不断扩大，销售能力不断增强，发展速度较快。然而，成长期的企业也面临着许多问题，如企业管理水平低下，员工缺乏对企业发展方向的理解，缺少称职的管理人员，企业运行效率不高，销售额虽在持续增长但利润却没有起色，等等。

此外，人力资源管理也是成长期企业面临的一个重要问题。企业引进的职业经理人所奉行的管理模式与企业创始人的管理模式可能会存在矛盾，从而导致企业内部管理出现混乱。因此，在这一阶段，创业者应当通过完善企业规章制度，引进人才，调整企业组织结构和决策机制，努力使企业走上科学化、规范化的发展轨道。

3. 成熟期

成熟期是指企业扩张到一定程度时，其市场占有率和收益达到最大化，企业声誉卓著的时期。进入成熟期后，企业的主要业务已经稳定下来，产品销售额保持在较高和较稳定的水平。

在成熟期，企业高层管理人员的经验已比较丰富，能根据市场需求变化及时开发新产品；产品标准化有所提高；企业通过各种媒体渠道已经在公众中树立了良好的形象。

不过，稳定的经营状况持续一段时间之后，企业管理开始变得僵化，企业的创新也受到了极大的限制，这是因为各种极具约束力的规章制度往往会使企业丧失活力并导致官僚主义的盛行。

4. 衰退期

衰退期是企业生命周期中的最后一个阶段，其具有以下几个特征：一是资金越来越多地花在了控制系统、福利和一般设备上；二是企业越来越强调做事的方式，而不问所做的内容和结果；三是员工越来越拘泥于传统、注重于形式；四是企业内部越来越缺乏创新的动力。在衰退期，企业内部冲突不断、谣言四起，企业各部门的注意力越来越集中到内部地位之争，员工强调更多的是谁造成了问题，而很少考虑去采取补救性措施以解决问题。

（二）新企业成长管理的策略

新企业的成长与发展是一个动态的过程，是在变革创新和强化管理的基础上，通过各种资源的不断积累与整合，从而实现企业的可持续发展。新企业成长管理的策略主要有以下几个方面的内容。

1. 整合外部资源

由于新企业的规模小，各种资源相对匮乏，为了在不确定的环境中持续成长，新企业必须学会整合外部资源，发挥资源的杠杆效应。为此，新企业可通过缔结战略联盟、首次公开上市等方式实现企业成长。

（1）缔结战略联盟。新企业可通过缔结垂直联盟，使得处于营销上下游环节上的不同企业（如供应商、制造商、经销商等）可以共享利益、共担风险、长期合作。新企业还可以缔结水平联盟，使不同行业的企业共担营销费用，并在产品促销、营销宣传、品牌建设等方面实现资源共享，如生产刀具的企业与生产厨房电器的企业联盟。

（2）首次公开上市。新企业发展到一定的规模，符合首次公开上市的要求时，就可选择这一管理策略。公开上市可为企业带来以下好处：首先，能在资本市场上获取企业发展所需要的大量资本，并使其他金融机构对企业的信心得到增强，从而提升企业的融资能力。其次，可以提高企业的知名度，也可以提高企业在利益相关者（如消费者、供应商和投资者）心目中的可信度。再次，能为创业者在短期内创造大量财富，实现财富聚集。最后，可为企业员工和股东创造财富，使得大家对企业的发展更具信心。

知识小卡片

企业上市涉及的主要中介机构

1. 保荐机构

在国内，企业发行股票并上市实行保荐机构保荐承销制。其中，保荐机构是指有保荐资格的证券公司。保荐机构的职责主要有 3 项：① 对拟上市企业进行全面的尽职调查和辅导，最后出具保荐意见，证明该企业符合上市的要求，然后由证监会审核。② 充当承销商，负责股票承销工作。③ 企业上市后，保荐机构继续承担持续督导的责任。

2. 律师事务所

企业股票公开发行上市，必须依法聘请律师事务所担任法律顾问。律师事务所主要对股票发行与上市的各种文件的合法性进行判断，并对有关发行上市涉及的法律问题出具法律意见。

3. 会计师事务所

股票发行的会计工作必须由具有证券从业资格的会计师事务所承担。会计师事务所对企业的账目进行检查与审验，主要工作包括审计、验资、盈利预测等，同时也为企业提供财务咨询和会计服务。

4. 资产评估机构

企业在股票发行之前往往需要对其资产进行评估，这一工作通常是由具有证券从业资格的资产评估机构承担。资产评估具有严格的程序，整个过程一般包括申请立项、资产清查、评定估算和出具评估报告。

资料来源：https://www.thea.cn/xqcw_px_57068-1.htm

2. 及时实现从创造资源到管好用好资源的转变

从创造资源到管好用好资源是指企业在开发各种生产经营所必需的资源的同时，也应采取必要的措施，加强对各种资源的管理，并充分利用已开发的资源为企业创造更大的价值，实现创造与利用并举。

若企业只注重创造资源，忽视对所创造的价值进行科学管理和有效利用，则容易导致某些资源被企业内部员工占用，使企业蒙受经济损失，还可能会在无形中培养出一批同行业竞争对手。相反，若企业在生产经营中树立创造资源、管理资源和利用资源并重的管理理念与经营思想，建立起良好的企业资源管理制度和资源利用监督机制，加强对企业员工、核心技术、关键设备、客户关系等的管理，则可以确保企业的核心竞争力不受侵蚀，进而确保企业利润保持在稳定的水平上，从而使企业在市场竞争中始终占据优势。

3. 形成比较固定的企业价值观和文化氛围

企业价值观是在长期生产经营活动中逐渐形成的，是由企业的管理者和员工共同分享的价值观念，是企业成长与发展的灵魂。企业一般以企业宗旨、企业精神、企业经营理念等形式，将自身的价值观传递给员工，使员工明确企业的目标，领悟企业的精神，并努力把企业的价值追求内化为生产经营的实际行动。

企业价值观虽然是无形的，却融入了企业成长的全过程，渗透在企业生产经营的方方面面，如怎样与员工分享财富与成功，以何种方式回报社区与社会，如何利用和节约资源、保护生态环境等。

企业文化氛围是由企业员工对企业使命和愿景的期望及创业者的目标、理念和态度共同形成的，是企业应对成长过程中出现的一系列问题的关键。新企业在制定兼顾长远目标的短期目标、设立高水平的道德标准、激发员工个人的能动性、采用特定的管理方式、打造清晰的团队精神等方面所形成的文化氛围，会对企业的绩效产生十分显著的影响。主要原因是，员工清楚创业者及管理团队的目标追求与管理方式后，其在生产经营中的付出与努力将直接反映在企业业绩上，从而促进新企业成长。

知识小卡片

知名企业的核心价值观

惠普

信任和尊重个人。

追求卓越的成就和贡献。

在经营活动中坚持诚实和正直。

靠团队精神达到目标。

鼓励灵活性和创造性。

华为

以人为本、尊重个性、集体奋斗、视人才为公司的最大财富而不迁就人才；在独立自主的基础上开放合作和创造性地发展世界领先的核心技术体系，崇尚创新精神和敬业精神；爱祖国、爱人民、爱事业和爱生活，绝不让雷锋吃亏；在顾客、员工与合作者之间结成利益共同体。

资料来源：https://wenku.baidu.com/view/81154122aaea998fcc220ecc.html

4. 注重用成长的方式解决成长过程中出现的问题

用成长的方式解决成长过程中出现的问题，其本质是不断变革。随着企业的成长，企业的规模在不断壮大，效益越来越好，社会地位越来越高。与此同时，企业的管理也越来越复杂。为此，企业可通过以下途径来解决成长过程中出现的各种问题。

（1）创新人力资源管理。人力资源是企业实行变革与创新最重要的因素，即企业实行变革与创新需要强有力的管理团队和高素质的管理人员。为此，企业应采取积极的人力资源政策，加大人力资源管理创新的力度。例如，通过创新人才内部培养机制，开发企业现有人才的潜力；通过创新人才引进机制，为企业引进高层次人才；通过创新利益分配机制，留住人才。

（2）创新经营管理体系。企业的经营管理体系涉及员工招聘与培训，物资采购，产品生产、运输、销售等各个环节。随着企业的成长，其经营管理越来越复杂。因此，企业只有不断变革，构建更加科学、合理的经营管理体系，才能适应企业成长的需要。

（3）掌握变革与创新的切入点。进入成长期的企业要善于把握变革与创新的切入点，或从经营策略切入，或从竞争策略切入，或从售后服务切入，由点及面、逐步推进。这样做的好处是成本小、见效快，失控的可能性小。即使在变革与创新的过程中出现一些问题，也能及时止损、快速调整。

5. 从过分追求速度到突出企业的价值增加

新企业的成长主要表现为规模的扩大，具体体现在销售额的增长与利润的增加上。但是，企业过分追求发展速度，往往导致销售额增长很快，但利润却没有增加。因此，新企业发展到一定程度时，通过企业经营结构、组织结构和技术结构等方面的更新与完善，企业内部资源的合理配置和企业核心竞争力的增强，使企业从追求发展速度的提升转向企业的价值增加。

案例研讨

云鲸崛起的秘密

2019 年，云鲸智能科技（东莞）有限公司（以下简称“云鲸”）推出了旗下首款产品——小白鲸拖地机器人。仅上市一年多，这款拖地机器人就俘获了一大批年轻消费者的芳心。2016 年才成立公司、2019 年才推出产品的云鲸，到底有何神奇？

以消费者需求为核心研发创新

云鲸之所以能够成功，一个非常关键的因素就在于其对年轻消费者群体需求的精准把握。

当前，市场上有很多不同品牌的拖地机器人，但这些产品大多是“机器拖地，人洗机器”的模式，即拖完地后，消费者还得自己清洗拖布。这与年轻消费者所追求的便捷家务模式背离。云鲸正是瞄准这一用户痛点，首次解决了这一难题。小白鲸拖地机器人除了具有扫地、拖地两种模式外，还具有自动清洗拖布的功能，被网友们亲切地称为“懒人福音”。

此外，由于年轻消费者对产品外观有着更高的审美要求。因此，在产品设计上，云鲸以白色为主，采用了简约的英伦风设计，打造出别具一格的居家美学，满足了年轻消费者的需求。

年轻消费者主动担当“自来水”

一款产品好不好用，应该由消费者说了算。让消费者主动为产品说好话、主动推荐产品，云鲸便是一个典型的例子。

很多年轻消费者会在小红书、抖音、哔哩哔哩等年轻人聚焦的社交平台上分享自己使用云鲸拖地机器人的感受，这些分享往往是场景化的展示，能够更加生动具体地体现该款拖地机器人能够解决什么问题。这样一来，年轻消费者就成了品牌的“自来水”（指自发为某些东西做宣传的人）。

资料来源：http://dh.yesky.com/454/718290454.shtml

研讨问题：从云鲸的产品策略和宣传策略中，你得到了哪些启示？

课后思考

（1）根据创业计划书为新企业选择合适的企业组织形式，并进行可行性分析。

（2）为你准备创办的新企业及其产品或服务起名。

（3）以小组为单位，讨论如何理解以下内容：作为一个创业者，要对企业运营的各个环节有全面的了解。

（4）为你准备创办的新企业制定财务管理制度。

（5）以阿里巴巴为例，对其成长周期及成长的驱动因素进行分析。

附　录

中小学创客课程体系

一、3D 打印课程

3D 打印课程适合 3～6 年级、初中阶段和高中阶段的中小学学生学习。教学时，让学生先用三维扫描仪和 3D 建模软件进行 3D 模型创意设计，然后用 3D 打印机将 3D 模型（见图 1）打印出来。3D 打印课程可以增强学生的空间想象力、艺术创造力，培养学生的设计思维和空间结构思维。3D 打印课程所用到的教具包括 3D 建模软件、3D 打印机、3D 打印笔、3D 打印耗材、三维扫描仪等。

图 1　3D 模型

（一）三维扫描仪

三维扫描仪是用来测量和分析现实世界中物体的形状与外观数据，开展逆向工程（即通过分析成品再现产品设计过程）必备的仪器。教学时，让学生运用三维扫描仪测出一个物品的三维数据，然后对数据进行修复、加工等，最终将处理后的数据输入 3D 打印机，将模型打印出来。

（二）3D 建模软件

3D 建模软件的功能是利用 3D 技术编辑模型。

（三）3D 打印机

3D 打印机的工作原理是通过读取输入的物品横截面信息，用液体状、粉状或片状材料将这些横截面逐层地打印出来，再将各层横截面粘合起来，从而制造出实体。

（四）3D 打印笔

3D 打印笔的工作原理是通过热熔笔头将 PLA 材料（一种生物材料，来源于玉米谷物）、ABS 塑料等融化并挤出，这些材料在空气中迅速冷却，最后固化成稳定的状态，从而制造出实体。使用 3D 打印笔可以在任何物体的表面书写，甚至可以在空气中作画。

（五）3D 打印耗材

3D 打印机和 3D 打印笔所需原材料主要有 PLA 材料、ABS 塑料、光敏树脂液体、尼龙粉末、金属粉末、陶瓷粉末、石膏粉末等。学校一般使用 PLA 材料和 ABS 塑料，因为这两种材料环保、无毒、可降解。

二、北斗科技课程

北斗科技课程适合初、高中阶段的中学生学习。教学时，可通过对北斗科普型教具的介绍，结合对电子电路控制、互联网技术、物联网技术、无线通信技术等科技知识的讲解，让学生认识我国的北斗卫星导航系统。北斗科技课程所用到的教具包括北斗创玩套装、北斗小卫星套件等。

（一）北斗创玩套装

北斗创玩套装可作为实验室教具，其包含 20 余种电子积木及搭建材料，并配备学习机，可实现多种航天北斗和智慧生活主题创客应用场景的搭建，并支持相关应用场景的详细解说。

（二）北斗小卫星套件

北斗小卫星套件包含太阳能电池板、小电机、核心处理模块、气压温度传感器、卫星姿态传感器等多种电子器件及亚克力卫星结构。教学时，可以利用北斗导航小卫星套件让学生了解卫星及航天方面的知识，结合学习机可以实现卫星数据传输和卫星姿态展示及互动。

三、机器人课程

机器人课程适合 3～6 年级、初中阶段和高中阶段的中小学学生学习，课程融合了机械原理、电子传感器、计算机软硬件及人工智能等众多先进技术，主要通过教学生组装、搭建、操控机器人，激发学生的学习兴趣，培养学生的综合能力。机器人课程所用到的教具包括 mBot 编程教育机器人、Ranger 中级编程教育机器人、程小奔普及型编程机器人等。

（一）mBot 编程教育机器人

mBot 编程教育机器人是专为 STEAM 教育研发，集机械、电子、软件为一体的低门槛教育机器人，非常适合初学者使用。教学时，可让学生利用所配零件搭建“机器狗”“探测车”等各种形态的机器人，然后利用图形化编程软件为机器人编辑程序，让机器人动起来，从而轻松学习编程知识，体验编程的魅力。

（二）Ranger 中级编程教育机器人

Ranger 中级编程教育机器人是一组三合一的 STEAM 教育机器人套件，包含 100 个机械件和电子元件，能够灵活搭建坦克车、三轮竞赛车和自平衡小车等三种基本形态。

（三）程小奔普及型编程机器人

程小奔普及型编程机器人操作简单，通过编程可以支持人脸识别、语音识别等 AI 功能，非常适合学生使用，能帮助学生掌握 AI 技术的逻辑和原理。

四、智能电子积木课程

智能电子积木课程适合 3～6 年级、初中阶段和高中阶段的中小学学生学习。智能电子积木课程所用到的教具包括 mPuzzle 创客教育套件、mPie 创客教育套件等。

（一）mPuzzle 创客教育套件

mPuzzle 创客教育套件是一种磁吸式连接的模块化电子积木，这些模块可分为电池、开关类、用电器类和导线类。通过模块搭建能够制作各种各样的电路，如串联电路、并联电路和其他复杂的电路。模块两端有磁铁，可以相连并导电，而且防反接，无须焊接，无须插线，外形扩展简单。学生利用 mPuzzle 创客教育套件，可以更直观地学习电子电路知识，制作各种有趣的产品化玩具（如手电筒、电子猫咪），或是搭建有趣的生活场景。

（二）mPie 创客教育套件

mPie 创客教育套件与 mPuzzle 创客教育套件类似，也是磁吸式连接的模块化电子积木，其通过颜色区分模块功能，模块之间通过磁铁相连并导电。学生通过搭建电路，可以制作各种有趣的产品化玩具（如投石车、弹珠台），或是搭建有趣的生活场景。

创客课程示例——FDM3D 打印机材料轴改进设计

一、项目背景

（一）项目创意

FDM3D 打印机采用 FDM 工艺，工作原理是将热塑性材料加热熔化从喷头挤出，然后凝结成产品。FDM3D 打印机在工作过程中需要通过材料轴的转动将 PLA 材料传入打印机，由于材料比较重、材料轴摩擦力比较大，所以有时材料轴转动不流畅，会导致打印中断。为了解决这个问题，我们需要思考一下如何改进材料轴。

（二）项目目标

（1）让学生学习摩擦力的相关知识，了解增大和减小摩擦力的方法。

（2）让学生学习轴承的原理和构成。

（3）让学生学习 3DOne 软件（一款专为中小学创客教育开发的 3D 设计软件），掌握“旋转”“阵列”等功能。

（4）让学生学习清晰地表达自己的创意和思路。

（5）让学生学习解决生活中的问题。

（6）培养学生的团队合作意识。

（三）政策背景

2016 年教育部在《教育信息化“十三五”规划》中提出：有条件的地区积极探索信息技术在众创空间、跨学科学习（STEAM 教育）、创客教育等新的教育模式中的应用，着力提升学生的信息素养、创新意识和创新能力，促进学生养成数字化学习习惯，促进学生的全面发展，发挥教育信息化对培养高素质人才的支撑和引领作用。

二、项目的实施环境要求和硬件要求

本项目选择的教学场地是学校机房或创客空间，所需硬件包括 FDM3D 打印机 5 台、装有 3DOne 软件的电脑若干台、PLA 耗材若干。

三、选择项目成员

本项目的前导知识为摩擦力和轴承的相关知识，许多四、五年级学生通过参加学校开设的 3D 打印社团已经掌握了这些知识，并具备了一定的动手能力。所以，指导老师经过前期的报名和面试，从这些学生中筛选了若干名学生加入项目。

四、项目涉及的知识能力结构表

项目涉及的知识能力结构如表 1 所示。

表 1　知识能力结构表

学科	知识与能力描述	学生必备的基础知识
S	让学生探究生活中的摩擦力现象，掌握增大和减小摩擦力的方法；了解轴承的原理和分类，掌握简单的滚动轴承的结构	对摩擦力的基本认识
T	进一步学习 3DOne 软件的“旋转”“阵列”等功能；能够分析物体的剖面图，设计、制作所需要的模型	3DOne 软件的基础知识
E	熟练掌握 FDM3D 打印机的使用方法，探索打印过程中可能出现的问题，以及其对模型的影响，并尝试解决	FDM3D 打印机的基本操作
A	让学生练习清晰地表达自己的创意和思路，培养学生的团队合作意识	
M	探究如何测量一个零件的尺寸，并根据尺寸进行设计	圆的直径、半径、周长等概念

五、项目实施流程

项目实施流程图如图 2 所示。

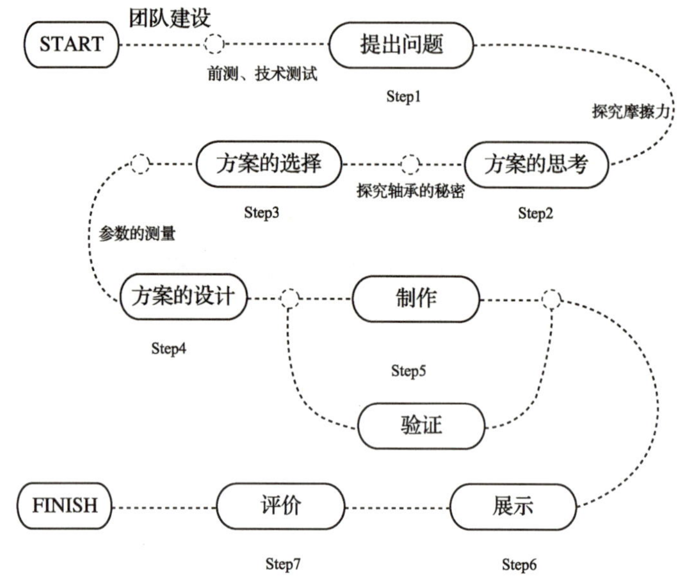

图 2　项目实施流程图

（一）项目前准备

（1）团队建设：团队成员自我介绍，增进对彼此的了解。

（2）前测、技术测试：考查团队成员对本项目的了解。

知识小卡片

FDM3D 打印机材料轴 STEAM 项目前测

1. 你会用 3Done 软件吗？

□　十分熟练

□　会一点

□　完全不会

2. 你会用 FDM3D 打印机吗？

□　十分熟练

□ 会一点

□ 完全不会

3. 对于 FDM3D 打印机的使用，你知道哪些注意事项？

□ 知道很多

□ 知道一些

□ 不知道

4. 你知道什么叫作“力”吗？

□ 十分清楚

□ 大概知道

□ 不知道

5. 你会积极思考、用自己的创意来解决生活中遇到的问题吗？

□ 会

□ 不会

6. 你能够大胆表达你的想法吗？

□ 能

□ 不能

（3）提出问题：FDM3D 打印机工作时需要通过材料轴的转动将 PLA 材料传入打印机，由于材料比较重、材料轴摩擦力比较大，所以有时材料轴转动不流畅，会导致打印中断。请大家观察并思考，为什么会出现这个问题，以及如何改进材料轴。

（4）课后资料：关于摩擦力的学习资料。

知识小卡片

1. 摩擦力的定义

两个互相接触、相互挤压的物体之间存在相互作用力。当它们发生相对运动或有相对运动的趋势时，就会在接触面上产生一种阻碍相对运动的力，这种力叫作摩擦力。

2. 摩擦力产生的条件

（1）物体相互接触，相互挤压。

（2）物体有相对运动或相对运动的趋势。

（3）物体接触面粗糙。

3. 增大摩擦的方法

（1）增大接触面的粗糙程度。

（2）增大压力。

（3）用滚动摩擦代替滑动摩擦。

4. 减小摩擦的方法

（1）减小接触面的粗糙程度。

（2）减小压力。

（3）用滑动摩擦代替滚动摩擦。

（4）使接触面分离，如加润滑油、利用磁悬浮等。

（二）方案的思考

（1）出示评价量表。评价量表包含设计评价（评价标准涉及实用性、美观性、材料成本等）、创意评价（评价标准涉及创造性、新颖性等）、制作评价（评价标准涉及操作过程、反馈、重新设计的过程等）、展示评价（评价标准涉及神态、表情、语言等）、合作评价（评价标准涉及合作意识、团队合作能力等）等 5 个方面，让团队成员明确在整个项目的实施过程中应该如何去做。

（2）分析材料轴转动不流畅的原因，思考用什么方法来改进材料轴。

（3）课后资料：关于轴承的学习资料。

知识小卡片

轴承转转转

轴承应用于许多机械设备，是一种重要的零部件。它的主要功能是支撑机械旋转体，降低其摩擦系数，并保证其回转精度。

轴承按运动方式可分为滑动轴承和滚动轴承。滑动轴承滑动平稳、无噪声。在液体润滑条件下，滑动表面被润滑油分开而不发生直接接触，可以大大减小因摩擦产生的设备表面磨损。此外，油膜还具有一定的吸振能力。滑动轴承的缺点是，起动摩擦阻力较大。

滚动轴承起动性能好，在中等速度下承载能力较强，但减振能力较差。其缺点是高速滚动条件下寿命较短，噪声较大。

（三）方案的选择

（1）讨论轴承的原理及分类。

（2）观看滚动轴承的剖面图，探索滚动轴承的结构。

（3）各小组成员阐述自己设计的方案。

（4）各小组开展组内讨论，确定小组方案的方向。

（四）方案的设计

设计方案是本项目的重难点。

（1）探索如何使用 3DOne 软件的“旋转”“阵列”等功能制作简单的轴承。

（2）思考如何将简单的轴承与 FDM3D 打印机材料轴相结合，应该注意哪些地方。

（3）讨论 3D 打印作品的大小，以及如何测量尺寸。

（4）设定尺寸参数，设计 3D 打印作品。

（五）制作与验证

制作 3D 打印作品，然后验证，思考：能否解决材料轴转动不流畅的问题？还有哪些地方需要改进？反思之后，重复制作与验证的步骤。

每次制作之前都要填写 3D 打印作品制作实验单（见表 2），记录清楚设计意图、设计过程、验证中发现的问题、失败的原因，以及修改、完善的方案。

表 2 作品制作实验单

第　　组　　成员：　　　　　　　　　　　　　　　　　　记录人：

	设计意图	设计、制作过程	反思
第一次实验			
第二次实验			
第三次实验			
……			

注：实验次数不限，直到作品达到预期效果。

（六）展示

展示时间：××××年××月××日。

展示地点：学校报告厅。

展示形式：以小组合作的方式进行展示，邀请学校老师及其他对 3D 打印技术和 STEAM 教育感兴趣的同学观摩。

展示要求：各小组分别展示自己的作品，并从创意、设计、制作、合作、收获等几个方面进行讲解，过程中可以借助多媒体进行展示。

（七）评价

在项目实施过程中，教师应对学生进行过程性评价和终结性评价。其中，过程性评价可采用 STEAM 团队评价表（见表 3），评价结果分为 A，B，C 三个等级，A 为最好，C 为最差。

表 3　STEAM 团队评价表

（　　　　项目）

时间：　　年　　月

团队评价	评价标准	自我评价	教师评价
组长	能够根据每名成员的特点安排他们的工作，组织成员有效地开展活动		
实施过程	小组成员出勤率高		
	及时、完整地写下活动记录		
	小组成员具有团队合作精神		
	圆满完成项目任务，达到项目目标		
展示	获得研究成果		
	全部成员都参与了展示，展示和回答问题时语言流利，仪态自然、大方		

终结性评价可采用 FDM3D 打印机材料轴评测量表（见表 4），评价结果分为 A，B，C 三个等级，A 为最好，C 为最差。

表 4　FDM3D 打印机材料轴评测量表

时间：　　年　　月

具体项目	评价标准	自我评价	教师评价
认识摩擦力	知道摩擦力的相关知识，了解增大和减小摩擦力的方法		
测量	能根据实际情况对物体尺寸进行测量，通过计算来设计材料轴的尺寸		
过程	在作品制作过程中能根据实际情况不断修改，最终完成作品		
表达	能清晰地表达出自己的创意、制作过程，表情自然，语言精练		
团队	在活动中能与团队成员进行有效的交流，能提供自己的建议并听取别人的方案		
成效	能很好地完成作品		

创新创业赛事简介

一、中国“互联网+”大学生创新创业大赛

为贯彻落实国务院办公厅《关于深化高等学校创新创业教育改革的实施意见》，教育部会同国家发展改革委、工业和信息化部、人力资源和社会保障部、共青团中央、地方人民政府联合举办中国“互联网+”大学生创新创业大赛，自 2015 年开始，每年举行一届。

中国“互联网+”大学生创新创业大赛已成为我国深化创新创业教育改革的重要载体和平台，并实现了基础教育、职业教育、高等教育的贯通，引导学生树立创新意识，拓展创新思维，孵化了一大批高质量创业项目。

大赛主题、目的与任务、总体安排、具体组织机构、参赛项目要求、比赛赛制和赛程安排等以教育部发布的关于举办中国“互联网+”大学生创新创业大赛的通知为准。参赛团队可通过登录“全国大学生创业服务网”（https://cy.ncss.cn）或微信公众号（名称为“全国大学生创业服务网”或“中国‘互联网+’大学生创新创业大赛”）任一方式进行报名。

二、“挑战杯”全国大学生系列科技学术竞赛

“挑战杯”全国大学生系列科技学术竞赛，简称“挑战杯”，是由共青团中央、中国科协、教育部、中国社会科学院和全国学联共同主办的全国性的大学生课外学术实践竞赛。“挑战杯”竞赛在中国共有两个并列项目，一个是“挑战杯”全国大学生课外学术科技作品竞赛，另一个是“挑战杯”中国大学生创业计划竞赛。这两个项目的全国竞赛交叉轮流开展，每个项目每两年举办一届。

（一）“挑战杯”全国大学生课外学术科技作品竞赛

“挑战杯”全国大学生课外学术科技作品竞赛是一项具有导向性、示范性和群众性的全国竞赛活动。自 1989 年首届竞赛举办以来，“挑战杯”全国大学生课外学术科技作品竞赛始终坚持“崇尚科学、追求真知、勤奋学习、锐意创新、迎接挑战”的宗旨，在促进青年创新人才成长、深化高校素质教育、推动经济社会发展等方面发挥了积极作用，在广大高校乃至社会上产生了广泛而良好的影响，被誉为当代大学生科技创新的“奥林匹克”盛会。

凡在举办竞赛终审决赛的当年 7 月 1 日以前正式注册的全日制非成人教育的各类高等院校在校专科生、本科生、硕士研究生和博士研究生（均不含在职研究生）都可申报作品参赛。

（二）“挑战杯”中国大学生创业计划竞赛

“挑战杯”中国大学生创业计划竞赛起源于美国，又称商业计划竞赛，是风靡全球高校的重要赛事。作为学生科技活动的新载体，创业计划竞赛在培养复合型、创新型人才，促进高校产学研结合，推动国内风险投资体系建立方面发挥出越来越积极的作用。

竞赛采取学校、省（自治区、直辖市）和全国三级赛制，分预赛、复赛、决赛三个赛段进行。它借用风险投资的运作模式，要求参赛者组成优势互补的竞赛小组，提出一项具有市场前景的技术、产品或者服务，并围绕这一技术、产品或服务，以获得风险投资为目的，完成一份完整、具体、深入的创业计划。

三、“创青春”全国大学生创业大赛

青年学生在创新创业中发挥着至关重要的作用，全社会都应当重视和支持青年创新创业。党的十八届三中全会对“健全促进就业创业体制机制”做出了专门部署，指出了明确方向。

为贯彻落实党中央有关指示精神，适应大学生创业发展的形势需要，在原有“挑战杯”中国大学生创业计划竞赛的基础上，共青团中央、教育部、人力资源和社会保障部、中国科协、全国学联决定，自 2014 年起共同组织开展“创青春”全国大学生创业大赛，每两年举办一次。

大赛以“培养创新意识、启迪创意思维、提升创造能力、造就创业人才”为宗旨，下设大学生创业计划竞赛（即“挑战杯”中国大学生创业计划竞赛）、创业实践挑战赛、公益创业赛等 3 项主体赛事。其中，大学生创业计划竞赛面向高等学校在校学生，以商业计划书评审、现场答辩等作为参赛项目的主要评价内容；创业实践挑战赛面向高等学校在校学生或毕业未满 3 年的高校毕业生，且应已投入实际创业 3 个月以上，以盈利状况、发展前景等作为参赛项目的主要评价内容；公益创业赛面向高等学校在校学生，以创办非营利性质社会组织的计划和实践等作为参赛项目的主要评价内容。

四、中国创新创业大赛

中国创新创业大赛是由科技部、财政部、教育部、国家网信办和中华全国工商业联合会共同指导举办的一项以“科技创新，成就大业”为主题的全国性创业比赛。

大赛深入贯彻落实创新驱动发展战略和党中央、国务院重大决策部署，秉承“政府引导、公益支持、市场机制”的模式，聚焦国家战略和重大需求，突出战略性新兴产业重点领域，以企业为主体、市场为导向，搭建众扶平台，引导集聚政府、市场和社会资源支持创新创业，大力促进科技创新，切实增强微观主体活力，不断培育发展新动能，积极服务和推动经济高质量发展。

大赛主题、组织机构、参赛条件、地方赛工作流程、专业赛工作方向、全国赛比赛安排等以中国创新创业大赛官网（www.cxcyds.com）发布的关于举办中国创新创业大赛组织方案为准。大赛官网是报名参赛的唯一渠道，其他报名渠道均无效。大赛欢迎大学中已经注册公司的项目进行参赛。

五、“创客中国”中小企业创新创业大赛

为激发创新潜力，集聚创业资源，营造“双创”氛围，共同打造为中小企业和创客提供交流展示、产融对接、项目孵化的平台，发掘和培育一批优秀项目和优秀团队，催生新产品、新技术、新模式和新业态；提升中小企业专业化能力和水平，推动中小企业转型升级和成长为专精特新“小巨人”企业，促进大中小企业协同创新发展，助力制造强国和网络强国建设，工业和信息化部与财政部联合举办了“创客中国”中小企业创新创业大赛。

符合条件的企业和创客（以下统称参赛者）均可通过大赛官网（http://www.cnmaker.org.cn）注册报名参赛，未注册登记的参赛者不得参加大赛。大赛不向参赛者收取任何费用。

大赛由区域赛、专题赛和总决赛组成。其中，区域赛由省级中小企业主管部门牵头主办，着力发掘和推荐本地区、本领域创新能力较强、发展潜力较大的中小微企业。专题赛由秘书处办公室会同国内外行业协会、大企业，园区（中外合作区），工业和信息化部部属各高校和地方政府等主办，聚焦中小企业发展热点、难点问题，聚焦实体经济和制造业，聚焦行业和专业领域关键技术和创新产品。总决赛由工业和信息化部、财政部主办，具体由工业和信息化部信息中心、所在地省级中小企业主管部门承办，推荐通过区域赛和专题赛的优秀项目参加，采取“现场演示和答辩、当场亮分”的评选方式。

参考资料

[1] 李德平. 大学生创业基础教程 [M]. 北京：高等教育出版社，2017.

[2] 施永川. 大学生创业基础 [M]. 北京：高等教育出版社，2015.

[3] 李伟，张世辉. 创新创业教程. [M]. 北京：清华大学出版社，2015.

[4] 张耀辉. 创业基础 [M]. 广州：暨南大学出版社，2013.

[5] 刘辉，李强，王秀艳. 大学生创新创业教程 [M]. 上海：上海交通大学出版社，2016.

[6] 吴晓义. 创业基础 [M]. 北京：中国人民大学出版社，2018.

[7] 李秋斌. 大学生创业指导 [M]. 北京：北京大学出版社，2013.

[8] 李时椿，常建坤. 创新与创业管理 [M]. 南京：南京大学出版社，2014.

[9] 李家华. 创业基础 [M]. 北京：北京师范大学出版社，2012.

[10] 王凯，赵荣，李峰. 大学生创新创业理论与实务 [M]. 上海：上海交通大学出版社，2018.

[11] 张钱，李强，詹一览. 大学生创新创业教育教程 [M]. 上海：上海交通大学出版社，2016.

[12] 杨建平，蒙秀琼. 大学生就业与创业指导 [M]. 北京：航空工业出版社，2015.

[13] 张德山. 大学生创业教育案例分析 [M]. 镇江：江苏大学出版社，2015.

[14] 兰小毅，苏兵. 创新创业学 [M]. 北京：清华大学出版社，2019.

[15] 魏发辰. 创新创业与就业导论 [M]. 北京：北京交通大学出版社，2019.